DEBUGANDO A SUA CARREIRA

Diversos Autores

Autores

Alan Araujo
Alessandro Castelano
Anne Rocha
Fabio Nascimento
Jéssica Nathany
Larissa Rodrigues
Luanna Oliveira
Murilo Souza
Ramon Xavier Moreira
Rodrigo Duclerc
Rodrigo Menchio
Tauan Abreu
Taiane Paes
Vagner Ribeiro
Verônica Antunes
Vitor Cardoso

DEBUGANDO A SUA CARREIRA

Prefácio
Thais Juncá

Revisão:
Verônica Antunes

Capa:
Igor Reis
Tauan Abreu

1ª Edição – 2022

ISBN 978-65-00-49611-6

Sumário

PREFÁCIO **5**

INTRODUÇÃO **7**

1. Socialização 10
2. Oratória 17
3. Você é feliz com o que faz? 27
4. Super-heróis ou seres humanos 34
5. Devo ou não devo me comparar com os outros 43
6. Trabalho em equipe 49
7. Composições de Times 62
8. Conduzindo uma entrevista 69
9. Diversidade e oportunidade para os iniciantes 76
10. Estabilidade ou novos desafios? 85
11. Autonomia X Direcionamento 91
12. Apropriação do Contexto Geral 95
13. Imersão no negócio 100
14. Qual o seu exemplo para o time 107
15. Identificando as suas referências 113
16. Liderança X Referência Técnica 117
17. A importância da confiança na liderança 122
18. Mentoria 128
19. Feedback interno e imediato 134
20. Reconhecimento Time X Individual 140
21. Qual deve ser a mentalidade do Programador? 143

22. Código de Ego 149

23. Desenvolvimento voltado para novos integrantes 158

24. Qualidade de Código 167

25. Padrões e Novas abordagens 172

26. Inovação – Fatores positivos X Frustrações 175

27. Bons hábitos de *devs* altamente produtivos 180

AGRADECIMENTOS 190

SOBRE OS AUTORES 195

PREFÁCIO

O que esperar de um livro escrito por profissionais de tecnologia, cujo título é "*Debugando Sua Carreira*"? Páginas e mais páginas de dicas sobre linguagens de programação, códigos eficientes, limpos, reaproveitamento de componentes, cursos e/ou instituições, certo? Não é bem assim! No mundo em que vivemos hoje, existem inúmeras competências tão valiosas quanto as técnicas, que são as chamadas comportamentais.

Através dos capítulos de leitura leve e fluida, os autores retratam como unir as habilidades de implementação e os famosos *soft skills,* trazendo experiências e visões complementares no desafio constante de termos profissionais cada vez mais completos e robustos. E por que não resilientes?

No cenário atual em que as mudanças nos atropelam, somos expostos quase diariamente a situações que testam nossa flexibilidade, adaptabilidade e principalmente nossa inteligência emocional.

A riqueza dos relatos consiste justamente na forma como as informações são compartilhadas e na certeza de que há espaço para perfis cada vez mais diversos. Mas e aquele desenvolvedor tímido, introspectivo? Tem lugar para todo mundo. Sabe aquela máxima de ter a pessoa certa na posição certa? Cabe ao time e à liderança conhecerem muito bem cada integrante, suas potencialidades e pontos de desenvolvimento. Aí é "ganha-ganha". Todo mundo aprende e as equipes se tornam cada vez mais completas.

A mensagem que fica é que o segredo, se é que existe um, é estarmos sempre abertos ao novo, a nos desafiar o tempo todo e a buscarmos o desenvolvimento a todo momento. Tenha sempre em mente que você é o protagonista da sua carreira e que o mercado valoriza e estimula cada vez mais o trabalho coletivo.

A situação atual e futura do seu desenvolvimento está ligada diretamente às suas atitudes, por isso não delegue essa responsabilidade para alguém e nem fique aguardando algo acontecer sem se movimentar. Este livro não vai te dar todas as respostas, mas tem o objetivo de expandir a sua forma de pensar, sem julgar certo ou errado, porém pensar diferente e respeitosamente com todos com quem convive no dia a dia.

Se permita experimentar, se permita ter experiências, não se julgue e nem julgue os outros, utilize sempre a empatia como um aliado para a sua jornada.

Boa leitura!

Thais Juncá

INTRODUÇÃO

Este livro foi elaborado por 16 autores de uma única gerência, porém com experiências e perfis diversos, permitindo trazer diversas óticas para cada capítulo em que possuem mais conhecimento, com base nas suas vivências.

Por ser um livro escrito por diversos autores, cada capítulo possui uma forma única de escrita. Não procuramos unificar a linguagem para que os autores conseguissem passar, da melhor forma possível, os seus sentimentos e conhecimentos, sem forçar uma forma única de comunicar.

A leitura do livro não necessita ser realizada na ordem dos capítulos. Cada capítulo é autocontido e ele pode ser lido de forma isolada, conforme a necessidade do leitor, além de determinados aprofundamentos dos assuntos serem referenciados dentro do próprio livro.

Os capítulos abordados no livro foram sugeridos com base no que acompanhamos de comportamentos e atitudes que fazem grande diferença no dia a dia, sem ter o objetivo de julgar o que é melhor ou pior, mas sim de mostrar pontos de vistas diferentes sobre cada uma delas.

Ter consciência sobre cada capítulo mencionado nesse livro, independente se o conhecimento foi obtido somente com esse livro ou enriquecido com outras literaturas, tornará o profissional mais completo, principalmente aos de tecnologia, uma vez que o corpo de autores atua dentro desta área. Por este motivo, o título do livro ficou "*Debugando a sua carreira*".

Com base neste conhecimento, será possível "refatorar" algumas atitudes do seu dia a dia que, por mais que sejam cheias de boas intenções, podem ter efeitos colaterais não pensados e, dessa forma, conseguirá ver quais atitudes são passíveis de um "*clean code*" para se tornar um profissional mais completo e com uma possibilidade maior de desenvolvimento.

Este livro não se propõe a abordar assuntos técnicos, porém tem o grande objetivo de fazer com que o time consiga ter uma relação e um trabalho com maior harmonia, união e colaboração, trazendo resultados diferenciados que, com certeza, podem mudar a cultura de uma organização.

Convidamos todos os interessados a lerem esta obra ao menos uma vez, pois acreditamos que isso trará um conhecimento importante e uma forma de pensar diferenciada.

Boa leitura!

1. Socialização

Vitor Cardoso

O primeiro capítulo deste livro fala sobre um tema extremamente importante que é referente a socialização. Como o propósito do livro é mais destinado ao perfil de times de desenvolvimento, culturalmente os desenvolvedores têm uma tendência de trabalharem sozinhos, mas em times ágeis esse tipo de comportamento é cada vez mais difícil, pois o grande intuito disso é a descentralização da informação, viabilizando a cocriação de ideias por todos os membros da equipe, permitindo gerar ideias mais simples e inovadoras.

Veja mais:
Mais detalhes sobre esse assunto no capítulo:
6 - Trabalho em Equipe

Se o seu estilo de trabalho ainda é muito individualizado e tem dificuldades para trabalhar coletivamente, não existe um problema nisso, porém é fundamental que busque ambientes de trabalho com essa característica. Assim acontecerá também para quem quer trabalhar coletivamente, pois deve buscar um ambiente de trabalho compatível com o seu estilo de trabalho. O ponto de atenção neste momento é que a maioria das empresas vêm adotando a agilidade no dia a dia e, por definição, essa forma é colaborativa. Profissionais que querem trabalhar individualmente vêm sofrendo cada vez mais para encontrar empresas com esse estilo.

Se quer buscar a socialização, acredite que, mesmo sem gostar nem um pouco sobre o tema, com algum esforço, é viável ser sociável, até porque o ser humano trabalha em comunidade desde o tempo das cavernas. A própria constituição de uma família já caracteriza um ambiente colaborativo, com divisão de responsabilidades para que todos possam ter uma melhor qualidade de vida. Isso acontece em vários aspectos da nossa vida, como na escola, no esporte, com os amigos e no trabalho. É claro que teremos alguns exemplos individuais, mas será que eles são realmente individuais?

No esporte temos, por exemplo, o tênis que, ainda assim, não é viável jogar sozinho pois, no mínimo, precisará de outra pessoa para jogar do outro lado da quadra e, possivelmente terá várias outras pessoas te ajudando a pegar as bolinhas, além de viabilizar um monte de outras coisas, considerando um jogo profissional.

O ato até de morar sozinho e não "depender de ninguém" vai ter ainda a dependência da farmácia, mercado etc. A única pessoa que consegue viver sozinha são os agricultores, que têm as fazendas autossustentáveis, mas acredito que dificilmente eles não tenham amigos para uma boa prosa de conversa.

Logo, com mais ou menos intensidade, vivemos em uma sociedade, e ter consciência disso e desenvolver habilidades neste sentido, ajudará tanto profissional quanto pessoalmente nos relacionamentos interpessoais.

O primeiro ponto para desenvolver essas habilidades é a questão da comunicação e da oratória. Saber se expressar de forma respeitosa será sempre a chave para tudo o que quiser fazer.

Tem muita gente que aprendeu a gritar e brigar com as pessoas para conquistar o que precisam, assim como usar as suas patentes. Sem dúvida, isso dá certo em muitos casos, porém este tipo de comportamento só reforça o seu uso e isso não é benéfico para a sociedade. Possivelmente, quando precisou utilizar algum desses artifícios, foi porque não estava sendo bem atendido e, possivelmente, não estava sendo bem atendido porque o atendente está cansado de não ser respeitado, sendo quase uma forma de protesto. Veja que a sociedade vai ser sempre o reflexo da atitude das pessoas e, tendo isso em vista, será que se, quando alguém realizasse um mau atendimento, a pessoa tivesse um olhar empático e conversasse com ela para ensinar ou explicar o que não foi bom e falar que confia no desenvolvimento dessa pessoa, qual seria o efeito que isso geraria?

Veja mais:
Mais detalhes sobre esse assunto no capítulo:
2 – Oratória

Da mesma forma que as pessoas aprenderam que gritar e brigar é a forma de conquistar as coisas, muitas aprenderam que, fazendo um mau atendimento, é a forma das pessoas cada vez falarem menos com ela, seja por não querer se estressar, seja porque é melhor ir a outra loja ou qualquer outro motivo, mas de uma forma ou de outra foi efetivo. Mas isso é sempre passível de mudança, pois o caminho é sempre acreditar nas pessoas e mostrar outros caminhos para esse comportamento.

É o uso do tão falado *feedback*, porém sempre deve ser realizado de forma respeitosa para que tenha efetividade. Chamar a pessoa no particular e dar uma bronca não é *feedback*, o correto é chamar em algum lugar reservado e conversar pacientemente e respeitosamente, assim é viável mudar muita coisa, pois só esse ato já significa valorizar as pessoas como seres humanos.

Veja mais:
Mais detalhes sobre esse assunto no capítulo:
19 – Feedback interno e imediato

Existe uns princípios chamados de "*5 Princípios Ericksonianos*", do psiquiatra americano Milton Erickson, que apresentam informações extremamente relevantes para que possamos nos relacionar com as pessoas sob um ponto vista muito respeitoso.

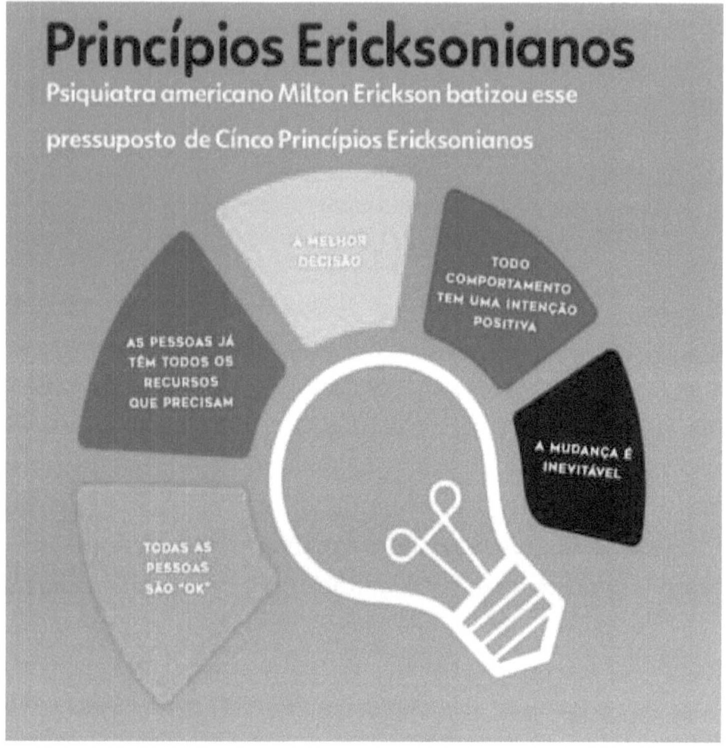

Fonte: Treinamento de "*Líder Coach*" da empresa *Crescimentum*

Explicações retiradas do treinamento de "*Líder Coach*", da empresa *Crescimentum:*

1. Todas as pessoas são OK - Esse princípio refere-se ao fato de que todas as pessoas têm um papel na existência e estão passando por seus respectivos processos de crescimento e mudança, portanto, não são nem melhores, nem piores que as outras pessoas

2. As pessoas já têm todos os recursos que precisam - Esse princípio prega que o que o indivíduo precisa, ele já possui dentro de si. As perguntas que mais o desafiam, constituem as respostas adormecidas esperando para serem despertadas e colocadas em prática. Sendo assim, mais vale questionar que entregar a resposta pronta

3. As pessoas sempre tomam a melhor decisão para si no momento - Esse princípio baseia-se no fato de que as pessoas estão constantemente escolhendo o melhor caminho a seguir, considerando o conjunto de experiências, memórias, informações e emoções a que tem acesso no momento.

4. Todo comportamento tem uma intenção positiva - A intenção, em determinados comportamentos, pode parecer negativa ao observador, mas o indivíduo que se comportou daquela forma o fez por razões que o motivam naquela direção e, portanto, a ele é positiva.

5. A mudança é inevitável - esse princípio está ligado a impermanência de mundo externo e interno a que o ser humano está inevitavelmente sujeito. E, assim sendo, o processo de desenvolvimento traz a oportunidade de um processo de *feedback* e aprendizado constante.

Levando esses 5 princípios em consideração, toda a nossa relação e interpretação com as atitudes das pessoas já vão ser completamente diferentes e, cabe a cada um de nós, poder ajudar nessas contribuições, isso é, ser um bom exemplo para as pessoas e conseguir gerar um desenvolvimento sustentável.

Veja mais:
Mais detalhes sobre esse assunto no capítulo:
14 - Qual o seu exemplo para o time?

É comum achar que muitas dessas atribuições são exclusivamente da liderança, ou que já dominamos ou até mesmo que isso não tem qualquer relação com o dia a dia, mas pode acreditar que isso é fundamental. Quantas vezes você já ouviu falar na famosa frase popular "*Contratou pelo currículo e demitiu pelo comportamento*"?

Cada vez mais a relação entre as pessoas tem um nível maior de importância nas organizações, pois o efeito de uma pessoa pode impactar a equipe inteira. É importante ter consciência de que toda a relação entre as pessoas é de total responsabilidade sua e, se tem dificuldade em determinadas situações, não tem problema, pois sempre teremos situações difíceis. Para isso, conte com um amigo mais experiente, conte com a liderança, confie e peça apoio para a liderança. Isso não é qualquer demérito, muito pelo contrário, é sinal de coragem, pois a coragem está diretamente ligada ao quão vulnerável você aceita ser. Pense em todos os atos que considera corajosos e pense no nível de vulnerabilidade envolvida das pessoas.

Veja mais:
Mais detalhes sobre esse assunto no capítulo:
17 - A importância da confiança e transparência com a liderança

Reflita sobre esse capítulo, veja quais são as suas atitudes no dia a dia, como essas atitudes podem impactar as pessoas em sua volta positivamente ou negativamente, pense no quanto você pode ajudar as pessoas a se desenvolverem, no quão respeitoso você é com as pessoas. Somos todos seres humanos e isso é incrível! Não tente ser super-herói. Pode ter certeza de que um time formado de seres humanos será sempre melhor do que um time formado de super-heróis. O ato de querer salvar o mundo sozinho é ruim, mas o ato de modificar o mundo pela cultura da sociedade é extremamente nobre.

Veja mais:
Mais detalhes sobre esse assunto no capítulo:

Tenha uma boa jornada com os demais capítulos deste livro. Certeza de que muitas reflexões vão passar pela sua cabeça, mas o principal de tudo é levar em consideração as pessoas. Coloque sempre elas à frente de tudo, pois isso te representará como pessoa também.

Referências

- Treinamento de "*Líder Coach*" da empresa *Crescimentum*

2. Oratória

Vitor Cardoso

Muitas vezes não damos a devida importância à oratória e, normalmente, quem é tímido tende a fugir de toda a possibilidade de falar em público. Isso realmente é difícil para muita gente.

Em uma pesquisa realizada pelo jornal britânico *Sunday Times*, com três mil entrevistados no Reino Unido, 41% responderam que o medo de falar em frente às pessoas é maior do que problemas financeiros, doenças e até da morte.

Por outro lado, a oratória é muito importante para abrir grandes portas, e ter o domínio e a consciência dessa habilidade é extremamente importante para que consiga fazer uma comunicação clara, para que prenda o público na sua linha de pensamento e consiga conduzir as pessoas em uma mesma linha do raciocínio.

Para ter domínio dessa arte, assim como qualquer outra, só tem uma única forma, que é treinando! Quanto mais treinar, mais vai se aperfeiçoar! E aí vem um dado curioso: fiz uma pesquisa no LinkedIn sobre a importância da oratória, a pergunta era "*Você considera importante a oratória?*", e tive um volume significativo de respostas confirmando a importância dessa competência. Depois de 15 dias, a pergunta foi "*O que você fez no último ano para melhorar a sua oratória?*" e o curioso foi que recebi 0 (ZERO) respostas.

Ao mesmo tempo que muita gente acha importante, é difícil criar algum mecanismo para evoluir essa competência e, muito possível, as pessoas devem pensar que treinam diariamente falando todos os dias, mas fazer exatamente a mesma coisa todos os dias não é necessariamente evoluir. Se quer melhorar, tem que ir tentando se desenvolver. E aí vem outra pergunta: "*O que preciso desenvolver?*" Veja que é um assunto teoricamente simples, mas que é complicado quando tentamos colocar em prática.

Para tentar ajudar de alguma forma, vou trazer um pouco das minhas experiências e o que andei pesquisando no mercado.

A primeira dica é participar de grupos de oratória. Isso foi uma grande dificuldade de encontrar, porém quando encontrei foi uma revolução na minha forma de falar, além do grupo que achei ser totalmente acessível.

Grupo de Oratória

Existe uma organização internacional chamada *Toastmasters*, presente em mais de 143 países, mais de 16.000 clubes e mais de 358.000 membros, realmente é uma organização muito grande.

No Brasil, existem alguns clubes fechados, que são clubes dentro de empresas como *IBM*, *Dell*, *Google*, *Petrobras* e outras grandes empresas, e existem grupos abertos em vários estados. Esses grupos são autônomos e definem cadência de encontros para poder trabalhar essa habilidade em dias e horários diferentes, porém todos eles seguem a mesma metodologia, com várias trilhas de desenvolvimento, como por exemplo:

- Domínio da apresentação
- *Couching* eficaz
- Humor cativante
- Influência persuasiva
- Relacionamentos estratégicos
- E vários outros

Os clubes são formados por membros que, em cada encontro, realizam funções diferentes, como orador, avaliador, contador de tempo (*Timer*), contador de palavras de preenchimento (*Ah-Counter*), Gramático, *Harkmaster* (trabalhando a escuta ativa), facilitador ou mestre de cerimônia (*Toastmaster* do dia) e avaliador geral.

Com essa estrutura, os oradores têm um *feedback* completo da sua apresentação em um ambiente controlado e seguro, ajudando imensamente na identificação dos pontos de desenvolvimento.

Como são tarefas realizadas pelos próprios membros, isso faz com que o investimento para se tornar membro seja extremamente pequeno, algo em torno de US$ 50,00 (cinquenta dólares) a cada 6 meses. Isso mesmo, você paga 1 vez e fica no clube por 6 meses. Mas você pode visitar o clube quantas vezes quiser de forma gratuita e acompanhar as reuniões sem qualquer tipo de vínculo para poder conhecer. No meu caso, acompanhei por 3 meses antes de virar membro.

Se ficou interessado em seguir o clube, pode procurar o que mais atende as suas necessidades no próprio site do *Toastmasters*:

https://toastmastersbrasil.org/

Dicas de Oratória

Dentro das minhas participações do grupo de oratória, aprendi algumas técnicas para trazer conscientização e tentar ajudar no desenvolvimento dessa competência:

1) Grave as suas apresentações

   Antes de qualquer coisa, a primeira dica é gravar a sua apresentação! Isso é fundamental para que possa assistir posteriormente e realizar uma análise mais fria dos pontos de melhoria. Isso é de grande importância para trazer a consciência do que está fazendo de bom e o que pode melhorar. Acredite que essa é a melhor dica, mas acho que a maioria não vai fazer. :-)

2) Cuidado com os vícios de linguagem

É super comum o uso de palavras de preenchimento como "*Éééé*" alongado, "*né?*" no final das frases, "*então*" ocorrendo repetidas vezes durante a apresentação, "*aííííí*" dando continuidade nas frases, repetição de palavras, "*na na*" quando o pensamento dá uma fugida.

Isso era algo que não tinha consciência e, na minha primeira apresentação, falei nada mais, nada menos do que 18 "*né?*"!

O uso do "*né?*" é bem comum pois é normal achar que esse tipo de pergunta está atraindo o público para participar do que está falando, porém se está apresentando um conteúdo, o uso do "*né?*" pode passar a mensagem de que não domina o determinando assunto e está querendo ter a confirmação constante do público. Repare que podemos até pensar de uma forma, mas a interpretação pode ser completamente diferente.

Como sugestão para diminuir os vícios de expressão, fale pausadamente e respire no final de cada frase. É curioso que, muitas vezes, ficará um silêncio, mas esse mesmo silêncio é o que te ajuda a oxigenar o cérebro e ter mais clareza no pensamento, ao mesmo tempo que gera uma apreensão e reflexão no público, e ajuda a todos absorverem melhor o conteúdo explicado.

Por fim, veja a dica 1, ou seja, grave a apresentação e conte quantas palavras de preenchimento usou. A diminuição do uso é gradativa, depois de 4 ou 5 vezes que exercitar, vai reparar a diminuição drástica do uso.

3) Utilização da variação vocal

A variação vocal é um ótimo recurso para trazer o público e dar ênfase em determinados pontos que precisa ter atenção, além de ajudar o público a não ficar com sono, pois uma apresentação sem variação vocal, o cérebro das pessoas se acostuma rapidamente com o tom de voz e, depois de um tempo, é comum o cérebro ter aquele tom constante como ruído e começar a ignorar. A variação vocal faz com que o público tenha sempre atenção, pois toda vez que faz uma mudança, o cérebro vai tentar buscar padrões e observar com maior atenção a mensagem.

4) Bom uso do tempo

Conseguir controlar o uso do tempo é uma arte, mas é fundamental para mostrar respeito aos participantes. Se o tema que vai falar for pré-definido, tente ensaiar o tema em casa e cronometrar, e veja se está conseguindo passar o conteúdo dentro do tempo previsto, mas tome cuidado se o tempo estiver muito certinho, pois no dia pode ocorrer alguns imprevistos ou até no início da apresentação ficar mais nervoso e alongar mais o discurso no início. Deixe alguma folga no final e, se no dia terminar mais cedo, deixe algum plano B para preencher esse tempo com perguntas, pesquisas ou contar algo rápido. Ter um plano B é sempre importante pois também te deixará mais confiante.

Se estiver utilizando algum material de apoio, como apresentações, tente ter algumas marcações de tempo em alguns *slides*-chave. Exemplo, no *slide* 5 tenho que ter falado por 7 minutos. Isso vai te ajudar a saber se pode falar mais pausadamente ou explicar um assunto com mais detalhes, ou se precisa acelerar ou cortar explicações muito longas.

Atenção com a marcação do tempo. Repare se o cronômetro que utilizará como apoio é uma contagem progressiva ou regressiva, e deixa as marcações no *slide* conforme o uso do cronômetro. Pode parecer simples fazer um cálculo, mas fazer enquanto está falando com o público vai ser mais um fator para tirar a sua atenção, então veja se a marcação é "*Ter passado 7 minutos*" ou "*Faltam 33 minutos para terminar*", por exemplo. É um simples detalhe, mas vai ajudar a fazer a leitura muito mais rápida.

Não conte que o local que vai apresentar terá um cronômetro, arrume um mecanismo próprio para isso, podendo ser uma tela em um *notebook* ou coisa do tipo. Outro recurso importante é ter o uso de cores para sinalizar quanto tempo tem. Isso ajuda a ter a informação mesmo que não consiga ver com precisão o número do tempo. O *site* que utilizo como apoio é o *Toastmaster Timer* (https://www.toastmastertimer.com/)

5) Contato visual

Procure sempre ter contato visual com o público. Se for presencial, procure pontos focais dentro do público, na frente, no meio e nas laterais. Identifique quem são as pessoas que estão conseguindo prestar mais atenção e reagem de forma positiva quando fala, isso ajudará na sua segurança e, se algo acontecer com essas pessoas, vai conseguir ter uma análise de sentimento.

Para o caso de ser uma apresentação *online*, esse é um pouco mais difícil, pois o seu contato com o público é ficar olhando para o buraquinho da câmera, então não fique lendo tudo que está em sua volta, ou então tente colocar a câmera bem no meio da sua tela e organize as informações envolta da câmera. Confesso que tenho grande dificuldade com isso, mas uma técnica adicional que me ajudou foi colocar um bonequinho *Lego* em cima da câmera. Falar com o bonequinho é muito melhor do que falar com o buraco da câmera. :-)

Outra dica boa, se tem muito material de apoio, é tentar se distanciar da câmera. Isso faz com que aumente a visão periférica do seu olho e, com isso, vai precisar mexer menos a cabeça, gerando maior contato visual e conseguindo acessar todas as informações.

6) Comunicação corporal

A comunicação não é feita puramente verbal. A comunicação corporal ajuda muito a reforçar determinadas falas, como, por exemplo, mexer a mão da esquerda para a direita para reforçar uma passagem de tempo, utilizar os dedos para reforçar uma contagem, a aproximação do seu rosto da câmera ou do seu corpo com o público para dar maior ênfase, uso da mão para cima e para baixo para passar o sentimento de aumentar ou diminuir, são sutilezas que ajudam a prender a atenção do público em você e reforçar a mensagem.

Outro uso bem interessante é o uso de objetos, principalmente em reuniões *online*, que você pode ter vários objetos em volta e de fácil acesso. Vai prender o público de forma única, como, por exemplo, falar sobre um café e segurar uma xícara na mão, chamar a atenção sobre o telefone celular e reforçar determinado comportamento representando com o seu próprio celular. Pense na mensagem que quer passar e se prepare para deixar essa mensagem mais clara possível.

7) Iluminação (mais para o caso do *online*)

Veja se a iluminação está adequada, se não tem área escura no seu rosto e se não tem muita luz também.

Ambos os casos geram uma má percepção das pessoas. Hoje em dia é fácil ter um *ringlight* para ajudar na questão da iluminação, porém se utiliza óculos, cuidado com o reflexo do *ringlight* na lente dos óculos. O que faço é colocar 2 *ringlights*, um de cada lado do meu rosto, assim consigo ter a iluminação uniforme.

8) Enquadramento
O enquadramento também é muito importante. Tente ter o seu rosto no meio da câmera. É muito comum as pessoas ficarem muito perto e cortarem a parte de cima da cabeça ou ficar muito distante e cortar todo o corpo. Tente deixar aparecer do seu tronco até toda a sua cabeça com pouca margem para cima. Isso vai facilitar inclusive se quiser fazer o uso das mãos para dar ênfase em alguma coisa. Se a câmera só pegar a sua cabeça, fatalmente toda a sua gesticulação será perdida.

9) Ambiente
Atenção com o ambiente em sua volta, como quadros, lâmpadas, movimentações, bichos etc., isso é supernormal no dia de hoje, mas veja quem é o seu público e se isso pode fazer com que as pessoas percam totalmente o raciocínio. O ideal é sempre tentar ter o ambiente controlado e o público com foco em você, pois isso facilitará a compreensão e evitará a dispersão do foco.

10) Uso de material de apoio
O uso de material de apoio é quase automático hoje em dia. Recursos como *powerpoint* ajudam sempre a guiar as apresentações, mas cuidado com o material apresentado. Se o material tiver muito conteúdo escrito,

fatalmente o público pode deixar de prestar atenção em você para ler o material, ao mesmo tempo que o conteúdo escrito não deve ser para a sua leitura, deve ser sempre um complemento do que está falando pois, se fosse para fazer a leitura, o público poderia fazer diretamente a leitura sem ter a explicação.

Slides com muitos efeitos especiais vão chamar atenção do público. Se quer utilizar este recurso, dê tempo de o público reagir. Ao ficar falando enquanto a apresentação está se mexendo, você estará concorrendo com a apresentação. Tenha consciência sobre isso e direcione o público para onde quer que tenha atenção. Se for para o *slide*, force eles a olhar para o *slide* e depois puxe a atenção de volta para você. Fazer o público ficar dividido vai gerar confusão e dificuldade para absorver o conteúdo.

Em apresentação, tenha cuidado com os vícios de expressões. Reparei que isso acontecia muito comigo, pois a cada *slide* que passava, iniciava com um "*então*". Fica a dica para não cair nesta mesma armadilha.

Seguindo um pouco dessas dicas, com certeza vai melhorar muito a forma de passar o conteúdo e muita gente vai passar a te reconhecer como um bom orador, mas tudo isso requer prática.

Por fim, deixo uma dica para quem tem medo em falar em público. Esse medo vai sempre existir, não pense que ele vai acabar em algum momento, porém é viável ir se acostumando com o medo. Uma das analogias que ouvi e que faz muito sentido é assistir a um filme de terror. Na primeira vez que estiver assistindo, vai se assustar com várias cenas do filme. Na segunda vez, um pouco menos. Pode ser que na quarta ou quinta vez, comece a rir da cena que se assustou, pois foi conhecendo o ambiente e se acostumando com ele, mas se for assistir um novo filme, possivelmente vai ter os mesmos sustos, mas quanto mais filmes assistir, vai se acostumar cada vez mais com essa sensação e vai conseguir controlar melhor as suas reações.

Agora que tem bastante recurso sobre oratória, que tal preparar uma apresentação para o seu time? Utilize as técnicas, peça para algum amigo fazer a análise crítica da sua apresentação, mas não peça isso ao final, pois as pessoas normalmente estão preocupadas com o conteúdo recebido e não com a forma que o conteúdo foi passado. Faça esse pedido antes da apresentação para dar a oportunidade da pessoa avaliar a forma e o conteúdo intencionalmente.

Referências

- *Mackenzie* (https://www.mackenzie.br/noticias/artigo/n/a/i/medo-de-falar-em-publico-e-maior-do-que-da-morte-diz-estudo)
- *Toastmasters* (https://toastmastersbrasil.org/)

3. Você é feliz com o que faz?

Vitor Cardoso

Sempre que converso com as pessoas, procuro saber o quanto ela é feliz com o trabalho dela, com o dia a dia e o quanto tudo isso faz os olhos brilharem e, muitas vezes, observo as pessoas falarem o quanto parariam de trabalhar na primeira oportunidade que tivessem, o que me remete ao quanto ela trabalha com o que não gosta.

Trabalhar com o que gosta, com o que gera propósito, parte do mesmo princípio das pessoas que procuram trabalho voluntário, ou seja, trabalham de graça para um bem maior, sem precisarem receber nada por isso. Agora imagina a possibilidade de trabalhar para algo que conecta com a sua vida e ainda receber o seu salário para sobreviver e dar uma boa condição para a sua família? O que falta para as pessoas perseguirem esse caminho?

Muitas vezes, verifiquei que nem as pessoas conhecem o seu próprio propósito, mas, como esta palavra está na moda ultimamente, vou tentar simplificar a conceituação dela: o que você faria de graça e o faria feliz?

Uma forma boa de ajudar a encontrar o seu propósito é o "*ikigai*[1]". Parece simples, mas preencher essas perguntinhas não são nada fáceis e sugiro reservar um bom tempo para refletir sobre cada uma delas para, ao final, ter uma direção do seu propósito, ponto que muita gente passa a vida inteira sem saber. Outra sugestão importante, não se preocupe de ser algo

---

[1] De acordo com o Wikipédia, '*Ikigai*' é uma *"palavra japonesa que significa 'razão de viver', 'objeto de prazer para viver' ou 'força motriz para viver'. Existem várias teorias sobre essa etimologia. De acordo com os japoneses, todos têm um 'ikigai'. E descobrir qual é o seu requer uma profunda e, muitas vezes, extensa busca de si mesmo."*.

filosoficamente bonito, ou querer ser a inspiração para a humanidade. Pense em você e o que tudo que está respondendo te representa, de fato. O "*ikigai*" pode ser feito por você e, se não quiser, não precisa mostrar para ninguém, nem divulgar essas informações ou coisa do tipo, porém é fundamental a sua sinceridade com você mesmo.

Fonte: *Dreamstime* / Tradução AgroTalento

Respondendo essas várias perguntas, você vai encontrar no centro de tudo isso o seu propósito, o que ama fazer, o seu real motivador para acordar todos os dias e fazer algo diferente. O primeiro passo é identificar isso.

Agora que já sabe o que faria até de graça, tente ver o quanto isso se conecta no seu dia a dia do trabalho, algumas vezes em menor proporção ou até tendo que adaptar alguma coisa, mas conseguir fazer essas conexões é importante. Se por acaso não tenha nada no seu dia a dia que conecte, pense na possibilidade de troca de empresa ou quem sabe até trocar de profissão.

Esse ponto referente à transição de profissão mereceria até um capítulo a parte, mas vamos falar rapidamente. Muita gente tem receio em fazer a transição de carreira, principalmente quando está trabalhando há anos em uma função, pois a chance de ter que voltar alguns passos é bem complicado, normalmente atrelado às questões financeiras.

Porém, costumo dizer que ter pessoas trabalhando conectadas ao seu propósito é uma covardia com as outras pois, quando acontece isso, o nível de desenvolvimento tende a ser mais de 3x do que as pessoas que estão trabalhando por trabalhar, ou trabalhando apenas para ganhar dinheiro. Já vi casos de ser mais do que 5x o nível de crescimento, mas, para efeito demonstrativo, vamos considerar 3x.

Seguindo nesse princípio e fazendo uma projeção simples, veja o gráfico abaixo:

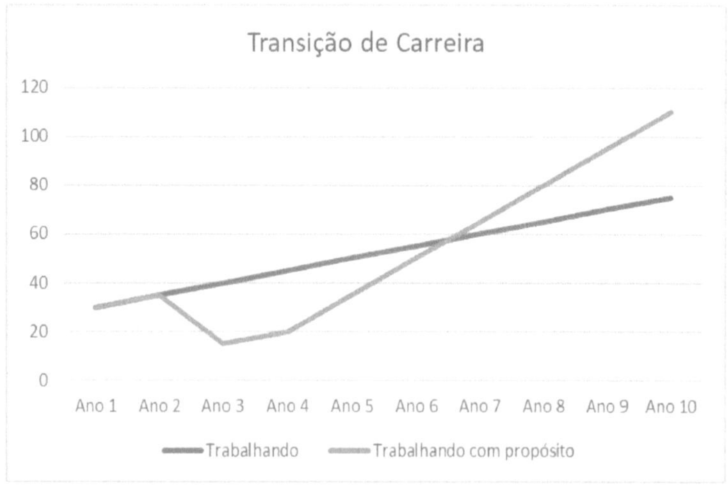

O gráfico representa a atitude de mudar de carreira no terceiro ano, e vale destacar que essa atitude não te leva para uma estaca zero, pois todo o seu conhecimento adquirido ao longo da sua vida será utilizado no seu dia a dia, mas considerando que, tecnicamente, terá que aprender boa parte do zero.

Nessa projeção, no 5º ano, já estaria ganhando mais do que se continuasse no emprego anterior e, pelo que acompanhei da carreira de muita gente, isso normalmente acontece antes, pois normalmente o crescimento passa a ser exponencial, logo em 2 ou 3 anos os eixos se sobrepõem.

Sem dúvida é uma decisão difícil e o mundo ideal é quando consegue ter essas oportunidades no trabalho atual, quando tem apoio das pessoas que já conhecem o seu trabalho. Mas não se limite ou conte com isso, pois estamos falando de um trabalho que fará por toda a sua vida. O quanto antes tomar essas decisões, melhor será para o seu crescimento e para a sua felicidade.

Trabalhar com o que te faz feliz é uma total transformação no seu dia a dia. Primeiro que a sua performance, amor e dedicação estarão em todas as suas atividades e não somente naquelas que você acha que são legais ou que vão ser reconhecidas. Segundo que, quando trabalhamos por dinheiro ou para ser reconhecido, temos maior sensação de frustração quando esses não ocorrem.

Quando você trabalha com algo que te faz feliz, não existe essa preocupação, pois você estará recebendo a melhor recompensa do mundo que é trabalhar com o que entende que faz sentido à sua existência. A consequência disso é ter bons reconhecimentos inesperados.

Muitos desses olhares podem ser obtidos no livro "*Seja egoísta com a sua carreira*", do Luciano Santos, que escreve de forma simples e eficiente esses efeitos.

Outro ponto que vale atenção para a sua felicidade é você entender até que ponto quer chegar. Muitas vezes, quando perguntamos quais são os próximos passos das pessoas nas carreiras, normalmente remetemos a níveis hierárquicos: o júnior que quer ser pleno, o pleno que quer ser sênior, depois virar líder técnico, depois virar gerente e por aí vai. Porém, será que o desenvolvedor quer realmente virar gerente? Está realmente disposto a abrir mão de codificar para se tornar gestor de pessoas?

Em muitos casos, as pessoas não querem isso, porém querem ter mais reconhecimento e isso vai colocá-las em situações que vão depender muito mais da criatividade do que da empresa de posicionar.

E isso é relativamente simples de entender, pois normalmente os cargos técnicos nas empresas possuem uma limitação de crescimento hierárquico, pois as responsabilidades técnicas tendem cada vez mais a serem descentralizadas, em relação às responsabilidades de liderar pessoas que ainda não são descentralizadas.

Sempre tem um gerente que é responsável por vários outros gerentes, ou um diretor responsável por vários gerentes, e sempre que falamos de liderança de pessoas é uma responsabilidade muito alta.

Existem modelos como o da holacracia, que não é hierárquica, porém ainda assim existe responsabilidades claras de pessoas com pessoas. Por isso é extremamente difícil uma atribuição técnica ter o mesmo nível de responsabilidade de atribuição com pessoas.

Mas essa explicação não é para desmotivar ninguém, muito pelo contrário. Quando comentei da criatividade é justamente não se limitar ao modelo. Será que não existe um modelo de atuação que acumule mais responsabilidades e a empresa possa começar a ver essa nova função de forma diferente e reconhecer por isso? Lembre-se que você é o responsável pelo seu próprio desenvolvimento, se permita pensar fora dos padrões de mercado e sugerir formas diferentes de trabalho.

No livro "*Líder sem Status*", de Robin Sharma, é relatado com maestria como uma pessoa pode ser de fato o protagonista da sua carreira e ter crescimento e reconhecimento fazendo aquilo que faz de melhor, sem ter que ficar se adequando à hierarquia da empresa.

É claro que tudo isso requer muito diálogo e, muitas vezes, vão ter restrições, mas aceitar e ter consciência até quanto vale o trabalho que faz e ter o salário emocional muito mais alto do que o salário financeiro, pode te render uma felicidade e uma qualidade de vida que muita gente que é milionário não tem, então pondere bem as suas decisões.

Por fim, é fundamental mencionar o livro "*O jeito Harvard de ser feliz*", de Shawn Achor, que fala sobre a psicologia positiva e o quanto ter a felicidade no nosso dia a dia depende constantemente de atitudes e bons hábitos nossos, o quanto a felicidade está de fato na sua mão e o que pode ser feito para criar hábitos que farão o seu dia a dia mais feliz e, consequentemente, muito melhor.

Não deixe a sua felicidade na mão dos outros, tenha sempre coragem de ser vulnerável e mudar o rumo da sua vida! É fácil? Com certeza não é, mas o sol vai brilhar diferente para quem trabalha junto da felicidade. Nessas circunstâncias, até a chuva será bonita, pois verá valor em tudo e ficará feliz por ter vivido cada dia da sua vida com felicidade!

Referências

- Livro: "*Holacracia: O novo sistema de gestão que propõe o fim da hierarquia*" (Brian J. Robertson)
- Livro: "*O jeito Harvard de ser feliz*" (Shawn Achor)
- Livro: "*O líder sem status*" (Robin Sharma)

- Livro: "*Seja egoísta com a sua carreira*" (Luciano Santos)

4. Super-heróis ou seres humanos

Taiane Paes

Nosso cotidiano no trabalho nunca mais foi o mesmo. A todo momento, somos bombardeados com novas informações, novas metodologias, novas ferramentas e uma rotatividade muito grande de pessoas nas empresas. Tudo isso devido ao aquecimento surreal da área de tecnologia.

Segundo a *GeekHunter*, empresa de recrutamento especializada na contratação de profissionais de tecnologia, em 2020, o número de vagas abertas na área de tecnologia cresceu 310%, e essa crescente permanece ainda nos dias de hoje.

Mas por que será que isso acontece?

As empresas estão em busca de modernização de processos, implementação de novos sistemas que suportem esses processos, novas leis de segurança para proteção dos dados e, toda essa demanda somada à já existente, fazem com que o profissional de tecnologia seja cada vez mais requisitado.

O mundo da tecnologia nos demanda constante atualização, pois um dia sem aprendizado é um dia caído no limbo da defasagem.

No Brasil, trabalha-se, em média, 43,5 horas por semana, ou 8,7 horas por dia: mais do que em países como Dinamarca, França e Estados Unidos, em que a média semanal é, respectivamente, 38,3, 40,5 e 43 horas.

A pergunta diária que nós fazemos é: Como dar conta de todas as nossas funções, mais aprendizado constante e nossa vida pessoal? Teriam os profissionais de tecnologia superpoderes?

Fonte: http://br.freepik.com

Eu sou a minha própria criptonita.

Na correria do dia a dia, envoltos de abas do YouTube com várias videoaulas, um copo de café bem quentinho e nosso superfone, vamos aprendendo. Decidir a quantidade de tempo que será gasto em cada atividade é uma missão muito importante. Otimizar o tempo de trabalho e de aprendizado é o supertrunfo dessa batalha, mas quanto tempo estamos investindo para o nosso bem-estar? Não friso apenas a prática de exercícios que é sumamente importante para a nossa saúde, mas o quanto estamos deixando a nossa mente descansar?

O *officeless* (sem escritório) trouxe uma gama de benefícios imensuráveis a todos nós, sendo um dos principais objetivos proporcionar a liberdade de trabalhar de onde quisermos, ganhando maior flexibilidade e confiança, tornando o escritório uma opção e não uma obrigação, mas, como já dizia Tio Ben: "*Com grandes poderes, vêm grandes responsabilidades*".

Será que todos conseguem desligar a chave de entrada e de saída? Como desligar a mente do trabalho, se hoje ele nos acompanha em 100% do nosso tempo?

Primeira lição do dia: nós somos a nossa própria criptonita.

Como nos quadrinhos do *Superman*, a criptonita é aquilo que nos enfraquece e pode nos causar danos sérios. Se sabemos que nosso corpo é uma máquina que precisa das configurações corretas para não dar pane, por que muitas vezes levamos nossa mente ao extremo, trabalhando 12 ou até 15 horas por dia sem descanso? Preciso te contar uma coisa, você pode estar se tornando *workaholic* (viciado em trabalho)!

Ser *workaholic* é possuir o trabalho como um vício, colocando a vida profissional acima da família, da vida social, do lazer e até mesmo da saúde.

E assim vamos entrando em um ciclo vicioso, alguns entram nessa roda por terem ambientes de trabalhos tóxicos onde não há outra opção, outros possuem o trabalho como válvula de escape da sua realidade, outros por amar demais tudo o que fazem e não veem isso como uma penalidade e outros por medo e ansiedade de se tornarem substituíveis nesse mercado louco e super acelerado. E assim, o efeito da criptonita vai nos deixando sem forças e precisamos tomar cuidado, para não chegarmos a um esgotamento mental que nos faça desencadear a Síndrome de *Burnout* (Esgotamento).

De acordo com o Ministério da Saúde, esses são alguns dos sintomas que podem indicar a Síndrome de *Burnout*:

- Cansaço excessivo, físico e mental;
- Dor de cabeça frequente;
- Alterações no apetite;
- Insônia;
- Dificuldades de concentração;
- Sentimentos de fracasso e insegurança;
- Negatividade constante;

- Sentimentos de derrota e desesperança;
- Sentimentos de incompetência;
- Alterações repentinas de humor;
- Isolamento;
- Fadiga;
- Alteração nos batimentos cardíacos.

Normalmente esses sintomas surgem de forma leve, mas tendem a piorar com o passar dos dias. Por essa razão, muitas pessoas acham que pode ser algo passageiro. Para evitar problemas mais sérios e complicações da doença, é fundamental buscar apoio profissional assim que notar esses sinais de forma recorrente.

De acordo com o Ministério da Saúde, a melhor forma de prevenir a Síndrome de *Burnout* é realizar estratégias que diminuam o estresse e a pressão no trabalho. Condutas saudáveis evitam o desenvolvimento da doença, assim como ajudam a tratar sinais e sintomas logo no início.

Porém, uma outra armadilha se encontra à solta e martela nas nossas mentes que não somos capazes, que todo o mérito conquistado em longos anos de trabalho é uma farsa e que a qualquer momento, seremos desmascarados. Sim, eu estou falando dela: a Síndrome do Impostor, também chamado de Pessimismo Defensivo.

Principais sinais relatados por pessoas com Síndrome do Impostor:

- Crença de não ser bom o suficiente e sentimento de fraude;
- Sensação de não pertencimento ao meio onde se está;
- Medo de ser descoberto e culpa por estar “enganando” as pessoas;
- Ansiedade pós-sucesso;
- Perfeccionismo e baixa autoestima;

- Insegurança ao ser avaliado e medo da comparação;
- Dificuldade de receber elogios e de se apropriar do sucesso;
- Receio de não conseguir repetir os resultados anteriores.

De acordo com os dados da pesquisa da plataforma de conteúdo e negócios *StartSe*, em parceria com a *OpinionBox*:

"*Entre 783 mulheres em posições de liderança de todo o Brasil, 43% apontam o medo de falhar como um dos entraves para evoluir na carreira. A dificuldade em falar sobre conquistas profissionais foi apontada por 52%. Os dois aspectos são 'sintomas' intimamente ligados à denominada Síndrome da Impostora.*"

A sensação de ser um impostor pode ser minimizada quando falamos sobre o que nos aflige. Fale sobre seus sentimentos se existe algo incomodado, compartilhe com pessoas de confiança. É fundamental buscar apoio profissional, pois o diálogo e a conversa franca podem ajudar a reduzir os pensamentos negativos. Procure reprogramar a sua mente, é normal não saber de tudo, normalize aprender ao longo da jornada.

Como salvar o nosso universo?

Fonte: http://br.freepik.com

Somos cabeças pensantes, aprendemos que devemos errar rápido para aprender mais rápido ainda o caminho de volta aos trilhos.

Além das recomendações relacionadas à saúde, existem algumas ações que podem tornar o ambiente de trabalho mais saudável e organizado, diminuindo o alto índice de estresse e, consequentemente, evitando que caiamos em armadilhas em nosso percurso. São elas:

- Liderar com empatia;
- Compartilhar conhecimento;
- Estruturar demandas;
- Ser gentil consigo mesmo;

Liderar com empatia:

Hoje, a maior clareza que nós temos é que todos nós somos influenciadores e influenciáveis, assim como todos somos líderes e protagonistas de nossas carreiras, então procurem liderar com empatia.

Liderar com empatia é mostrar a sua paixão pelo que faz, procurar e encontrar soluções sempre de forma respeitosa e gentil, pensando nos sentimentos do outro. Essa prática traz a consequência de um ambiente mais leve e saudável.

Se você é um líder natural ou alguém colocado nesta posição, entenda que muitos profissionais se espelham e confiam em você.

Compartilhar conhecimento:

Em algum momento da sua vida, você já ouviu a seguinte frase "*Trabalhe enquanto eles dormem, estude enquanto eles se divertem*" e algumas pessoas acreditam que, através desse conselho, sua vida profissional será resolvida. Mas e se fizéssemos juntos?

Hoje não existe mais espaço para o profissional que não compartilha o conhecimento por medo de ser substituído.

Quanto mais trocamos de figurinha, mais rápido todos nós preencheremos nosso álbum de conhecimento. Pense fora da caixinha, além de realizar treinamentos e palestras, pense em gerar conteúdos que possam ser acessados: videoaulas, *podcasts*, *cases* de sucesso, lições aprendidas etc.

O pensamento individualista te deixa preso para sempre em um degrau da escada. É necessário entender que nenhum degrau pode ficar desocupado, então para você subir o seu degrau tão desejado, você não pode ter medo de que o seu degrau seja ocupado.

Estruturar demandas:

É importante que todos os envolvidos em uma nova demanda sejam incorporados aos Quatro Qs do início do projeto. Os Quatro Qs é uma técnica que deve ser utilizada após a *Product Discovery* (Descoberta de Produtos). Ela funciona como um alinhamento para todos os integrantes dos times ao iniciar um novo projeto, trazendo a garantia de que todos estarão alinhados, gerando maior entrosamento, minimizando falhas de comunicação e aumentando o sentimento de dono. Os Quatro Qs são:

- Qual o escopo de trabalho?
- Qual o objetivo da entrega?
- Quais os benefícios da entrega?
- Quando devemos entregar?

Qual o escopo de trabalho?

O escopo de trabalho deve ser alinhado com o profissional no momento da sua contratação, assim é possível evitar desmotivação com a função exigida.

Qual o objetivo da entrega?

O objetivo bem definido e comunicado faz com que todos olhem e corram juntos para a mesma direção.

Quais os benefícios da entrega?

A importância da entrega deste produto deve ser compartilhada com todos os envolvidos. Se ela irá afetar a empresa como um todo ou somente uma área, isso faz com que o time aumente o seu sentimento de pertencimento e a sua motivação para o sucesso daquele produto.

Quando devemos entregar?

Saber qual a data limite para que o objetivo seja alcançado, permite que o planejamento da entrega seja mais eficaz e não traga desgastes ao time envolvido. Utilizar ferramentas e técnicas de gestão de *backlog* auxiliam na estruturação e na clareza das demandas.

Seja gentil consigo mesmo:

Todos os dias você terá uma luta interna para enfrentar, driblar o inesperado, não deixar de atender aos prazos, equilibrando todos os pratinhos e procurando manter seu bom humor. Seja gentil consigo mesmo! Nesse jogo, temos apenas um avatar e uma vida para jogar, entenda quais são as suas criptonitas e não se cobre a perfeição diária. Lembre-se: somos seres humanos e não super-heróis.

O retorno com o elixir.

No percorrer da jornada, é importante entender que não temos superpoderes, que nossos problemas e demandas não serão solucionadas ao estalar dos dedos ou no bater de um martelo. Somos seres-humanos com *softskills*, técnicas e ferramentas, a nosso favor para ganhar essa guerra e salvar o nosso universo do nosso maior inimigo, nós mesmos. Precisamos configurar a nossa máquina e dizer para ela o tempo necessário que podemos nos dedicar ao trabalho, dizer à mente todos os dias o quanto nosso trabalho é valoroso e que não somos os impostores dessa jornada, somos os grandes aprendizes e protagonistas de todas as fases.

O nosso elixir diário é de poder recomeçar e tudo que ficar marcado como lição aprendida, de fato ser melhorado e tornar a nossa jornada a mais saudável e humana possível.

Referências

- https://forbes.com.br/fotos/2015/11/quantas-horas-as-pessoas-trabalham-em-cada-pais/
- https://valorinveste.globo.com/objetivo/empreenda-se/noticia/2021/01/10/mercado-de-tecnologia-tem-aumento-de-310percent-de-vagas-em-2020.ghtml
- https://www.universia.net/pt/actualidad/vida-universitaria/10-sinais-que-e-workaholic-941468.html
- https://treediversidade.com.br/sindrome-da-impostora
- https://www.gov.br/saude/pt-br/assuntos/saude-de-a-a-z/s/sindrome-de-burnout

5. Devo ou não devo me comparar com os outros

Alessandro Castelano

Esse é um tema muito interessante e impactante no nosso dia a dia: devo ou não me comparar com os outros?

Para começar a entender melhor o assunto, vamos de *ice break*, o famoso "quebra gelo".

Banana x Melancia:

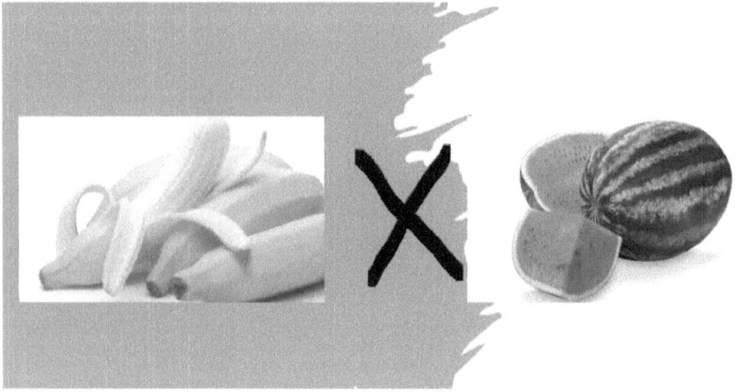

Fonte: Alessandro Castelano

Você acha que a banana é melhor do que a melancia?

Vamos comparar então a banana com a melancia?

Parece clichê, mas não é: a banana tem nutrientes assim como a melancia.

Os nutrientes da banana são: as fibras, potássio, magnésio, fósforo, cálcio, vitamina A, vitaminas do complexo B, vitamina C, além de antioxidantes, triptofano e carboidratos.

Os nutrientes da melancia são: além de água, a melancia contém vitaminas do complexo B, vitamina C, fibras e sais minerais como magnésio, cálcio, potássio e fósforo. Fruta rica em licopeno, um potente antioxidante que ajuda na prevenção de vários tipos de cânceres e no combate ao envelhecimento precoce.

Logo temos o nutriente "vitamina A", uma fruta tem e a outra não.

Aí você me diz... tudo bem! mas aonde você quer chegar?

Te explico... as duas frutas que citei têm seu valor e sua importância para nosso organismo. Não é porque uma tem vitamina "A" e a outra não que uma é melhor que a outra. Não podemos descartar o nutriente de uma porque a outra não tem. Resumindo... uma fruta não é melhor que a outra.

Espero ter conseguido passar o início da comparação com esse *ice break*.

Você não é o outro

Fonte: Alessandro Castelano

Quem nunca ouviu essa frase antes: "*A grama do vizinho é melhor do que a minha*".

Para reflexão, podemos pensar em alguns pontos:

Será que a grama do vizinho é melhor, por que ele cuida da grama dele?

O que ele está fazendo para a grama ficar bonita?

Muitas das vezes, precisamos fazer essas perguntas para nós mesmos, ao invés de ficar comparando com a vida do outro.

Você não é a pessoa que você se compara, você é única, você tem seus pontos fracos, mas também possui muitos pontos fortes. Todos nós temos os nossos valores e somos especiais de maneira única.

Podemos parar e refletir nesses dois pontos:

A vida do amigo parece mais bonita e mais divertida que a sua?

O trabalho do seu colega parece melhor que o seu?

Todos nós nascemos e fomos criados em famílias com culturas diferentes. Durante nosso crescimento até a maturidade, passamos por momentos que outros não precisaram passar. Assim é a vida... cada um tem a sua, mas não é por isso que podemos comparar uma pessoa com a outra.

Você tem as suas qualidades, habilidades e sua importância que o outro não tem.

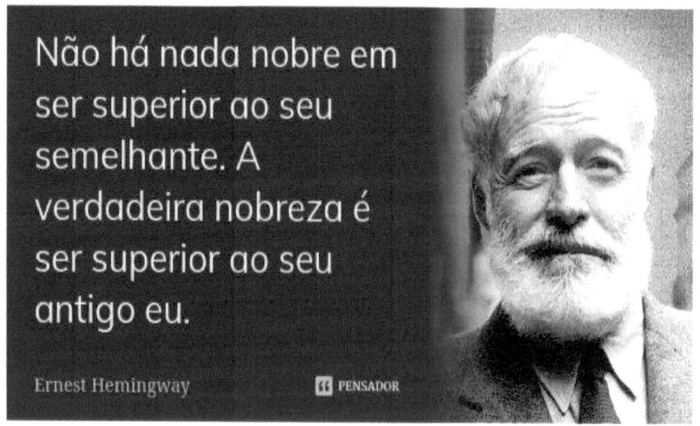

Fonte: https://br.pinterest.com/pin/463730092888864515/

Cuidado! Nem tudo que você vê é real.

Vivemos atualmente no século XXI. Hoje a grande maioria, através de um *smartphone*, consegue se conectar ao mundo digital. A quantidade de redes sociais que existe é enorme, muitos *blogs* de famosos e até mesmo do seu vizinho são expostos na rede virtual. Mas... nem tudo que é exposto da vida daquele indivíduo é a realidade.

As pessoas postam em suas redes sociais suas conquistas, seus momentos de felicidades. Mas as pessoas do mundo real se escondem atrás de um avatar e estão longe de mostrarem a realidade. Nem todos postam suas lutas, muitas delas omitem seus fracassos, suas frustrações, suas derrotas, seu cansaço excessivo e estresses prolongados do trabalho. Quantos casos assistimos pela TV, *internet* ou até mesmo alguém próximo a você, que se encontra em depressão, ansiedade e o famosa síndrome de *burnout*.

Por trás de vitórias, conquistas e felicidades, existem as lutas diárias, pedras no caminho que precisamos enfrentar, a vida não é esse mar de rosas que se vê por aí.

Ficar se comparando com os outros em geral não leva a lugar nenhum, é só uma expressão de insegurança e fraqueza.

Como tentar sair dessas armadilhas de comparação?

Idcntifiquc scus gatilhos, comccc a monitorar os tipos dc situações que fazem você se comparar com alguém. Tente parar de seguir perfis na superfície rasa do mundo digital, que te leve a entender que a pessoa tem uma vida melhor que a sua.

Não use a aparência de outra pessoa para medir o valor da sua essência, você não tem como saber como é a rotina do outro de fato, muito menos conseguir medir o que é melhor ou pior nas vivências da outra pessoa, porque você nunca estará na pele dela.

Lembre-se que não existe perfeição. A regra da vida é feita por desafios, o sucesso é medido muito pela sua capacidade de enfrentar as adversidades e manter resiliência.

Pare de justificar inércia ou inatividade apontando o dedo para outras pessoas. Estaremos condenados ao fracasso se medirmos nossas habilidades pelos outros, pois sempre haverá alguém com mais habilidade que nós em algo. Aceite suas limitações e invista no que tem de melhor, saiba manejar suas limitações ao seu favor. Você pode aprender e melhorar qualquer coisa, mesmo que demore um pouco mais do que as outras, você é você.

Olhe mais para você, veja os seus talentos, seus pontos fortes, pare de sabotar seus sonhos, comece a trocar a comparação pela inspiração, pois a premissa é: "*se ele conseguiu, eu também consigo.*"

Se a vida me ensinou algo, é que não nos restam alternativas a não ser fazer o melhor com o que temos no momento, enquanto não temos condições para fazer melhor ainda.

Seja resiliente

Não venha com um "*ahhh... falar é fácil. Você teve uma excelente educação, veio de família boa que deu condições para estudar nos melhores colégios. Minha situação é completamente diferente*". Veja bem: isso *é* uma comparação, e das ruins! Você não faz ideia das lutas que enfrentei e ainda enfrento; não sabe o que é estar na minha pele, nem eu sei como é estar na sua.

Quer um exemplo maior para suas desculpas?

Stephen Hawking, que viveu décadas com paralisia total e, ainda assim, com todas as limitações, desenvolveu um belíssimo trabalho que lhe rendeu notoriedade mundial no campo científico e virou filme.

Agradeça por ter sido escolhido para estar nessa vida. Você nasceu e a chance de isso ocorrer é de 1 em 400 trilhões. Em outras palavras, meus amigos leitores, vocês podem escolher se vão lutar ou se preferem continuar fazendo comparações inúteis com quem calhou de ser melhor do que vocês em algo. Repito: você ganhou o dom da vida. Cabe a você usá-lo em seu benefício. Pense nisso.

Referências

- Livro: Pare de se sabotar e dê a volta por cima Autor: Flip Flippen
- Olha a banana: 8 benefícios da fruta para a saúde - Alimentacao - Institucional (unimed.coop.br)
- Você gosta de melancia? | Blog Nutrição Prática da Rede Globo

6. Trabalho em equipe

Fábio Borges do Nascimento

Quando paramos para pensar sobre o assunto, é bem comum lembrarmos com muita saudade da época da escola e daqueles trabalhos em grupo intermináveis, difíceis, complicados, que são tão importantes para salvar um ponto ou dois no final do semestre. Logo que recebíamos a tarefa, acontecia silenciosamente uma seleção natural em nossas cabeças daqueles que viriam fazer parte do "nosso grupo". Daí desse ponto, trazer os colegas mais próximos a você era tarefa comum, e é bem verdade que, nessa altura, nem ligávamos se estes estavam interessados na entrega. Era automático. Então, para que o grupo alcançasse o sucesso (e os pontos tão desejados), devíamos tentar trazer também "fulano" ou "ciclano", afinal seria mais fácil atingir nosso objetivo.

Muito comum também, quando pensamos em trabalho em grupo, é quando estamos assistindo uma partida de futebol, a grande paixão nacional e, mesmo para aquele que nada entende do esporte, sabe que se trata de 2 times. Cada qual com 11 jogadores, desde o goleiro ao "ponta-esquerda", um juiz e uma bola. E a meta das equipes é marcar gols no time adversário.

Os jogadores são organizados em faixas do campo e cada uma dessas com papéis bem definidos: defesa, meio de campo e ataque. Do lado de fora do campo ficam seus técnicos; motivando, organizando seus movimentos e táticas, corrigindo suas equipes, observando os pontos frágeis do time adversário, ajustando algumas posições e ainda eventualmente trocando suas peças.

E apesar de cada jogador cumprir um papel específico, nada o impede de tentar o gol, pelo contrário: se o goleiro for um bom batedor de falta, ele é chamado para cobranças, assim como se um dos zagueiros for bom na cabeçada ou na cobrança de pênaltis, também será acionado nos momentos decisivos. Nesse sentido, o técnico cria estratégias, ideias, posições e jogadas ensaiadas para explorar o melhor de cada indivíduo em prol da equipe e, com isso, buscar o gol e a soma dos pontos.

Iniciada a partida, você logo nota que o jogo é alternado entre momentos em que cada time se oferece mais ao ataque ou à defesa do seu gol e o técnico nesse momento é de extrema importância, afinal tem a visão ampliada de fora do campo. Ele tem o panorama completo do jogo, com números, estatísticas e, diante disso, tem autonomia para mudar o plano quantas vezes forem necessárias.

Bem, pode-se então afirmar que trabalho em grupo é o mesmo que trabalho em equipe? Não, definitivamente não. Apesar de haver grande similaridade, há uma sensível diferença entre ambos que os distingue completamente. Em poucas palavras, trabalho em grupo é feito por pessoas, assim como na equipe, porém sem muita preocupação no coletivo. O sujeito entende seu papel, sabe onde começa, onde encerra e ponto. Não há interação entre as áreas. Muitas vezes não há interação nem mesmo entre as pessoas do mesmo time. O foco está reduzido à sua entrega individual, no que ele tem para fazer.

Sendo assim, lembrando o inesquecível jogo do Brasil X Alemanha (7x1), podemos concluir que ali havia um grupo. Lógico que sim! Mas... havia uma equipe? Não. O que havia ali era um apanhado de jogadores, cada um de um canto diferente, em momentos de carreira diferentes; todos milionários, que se juntaram por um mês a fim de se tornarem campeões do mundo e todos sabemos o fim dessa história.

Contudo, o trabalho em equipe é bem mais antigo que uma partida de futebol, talvez antes da separação dos continentes, num planeta bem diferente do que temos hoje. Trabalho em equipe é tão antigo quanto a humanidade. Que loucura, mas sim, é verdade. Não dá para imaginar uma coisa sem a outra. Não teríamos ido tão longe sem aprender a trabalhar em equipe desde os tempos mais antigos.

Embora a maioria de nós não tenha consciência dos benefícios da inteligência coletiva, ela está cada vez mais presente nas empresas de hoje. Há muitos anos que as empresas, de uma forma geral, notaram que os resultados obtidos são melhores e de maior qualidade, quando há sinergia entre as equipes. O trabalho das áreas é feito de forma coletiva, colaborativa e, consequentemente, outros ganhos também são percebidos, e é nessa direção que as empresas têm investido mais tempo e dinheiro, afinal faz mais sentido.

A colaboração entre equipes e membros qualifica a entrega, qualifica o indivíduo com troca de experiências, qualifica a comunicação da empresa. Todos estão na mesma frequência e sintonia: unir forças, apoiando e incentivando o colega, mas com foco na qualidade do resultado da companhia e, se você não curte muito essa ideia, é bom passar a pensar de forma diferente. Há pouco espaço para aquele que prefere trabalhar sozinho.

Dessa forma, ainda no processo seletivo, algumas empresas aplicam algumas dinâmicas em grupo. Momento importante para o time do RH que é sempre tão criativo para provocar a interação, o contraditório, a troca de ideias e o debate.

Etapas terríveis para uns; leves e prazerosas para outros. Essas atividades em grupo comumente são bem desafiadoras e nos fazem pensar "fora da caixinha", afinal o resultado depende da participação de todos, da interação e de uma boa comunicação; e daí notamos que, desde a escola, aqueles mesmos trabalhinhos já nos ensinavam a importância de dividir as tarefas e nos indicava como seria no futuro, na vida adulta.

Trabalhar em equipe é tarefa fácil?

Depois disso tudo que já discutimos, surge uma dúvida inevitável: trabalhar em equipe é tarefa fácil? Não, terminantemente não é. Aliás, é natural que não seja. E a provocação dessa vez é mais simples. Eu não sei em que momento da vida você está agora, mas imagine ou relembre o ambiente da sua casa, com seus pais, seus avós e irmãos. Ou ainda, se você já está casado(a) com um filho ou dois (ou mais) e todos estão em casa.

Um dos filhos quer assistir *Netflix*, o outro quer jogar *videogame* e a esposa quer assistir um programa na TV. Seu plano "original" era chegar em casa e assistir outra coisa. Bem, mas imagine que só haja uma TV em casa, porque a do quarto "pifou" ...

E aí, como agir? Quem será o beneficiado da vez? E por quê? E os demais, ficaram todos satisfeitos? Ora, se esse tipo de conflito existe dentro de nossas casas desde muito cedo, como supor que no trabalho seria diferente ou mais fácil? Não, só tende a ser mais complicado, e "equilíbrio" é a palavra da vez.

Para manter um ambiente em constante mudança, sem dúvida, requer uma boa dose de habilidade, tentar de forma positiva e construtiva influenciar seus pares, com bom trato e o desejo fundamental dos envolvidos para que a coisa caminhe para o bem-estar do todo. Saber lidar com o indivíduo dc forma pessoal, conhecendo cada um, criando uma relação interpessoal saudável e honesta, tentando trazer cada um do time para o seu lado.

Conquistar o outro com respeito, educação, gentileza e transparência, para que a sua fala transmita confiança e segurança. Dessa forma, todos seguirão fiéis ao plano. Deixar claro que o objetivo da companhia deve prevalecer sobre o desejo individual. Para que todos estejam devidamente alinhados e assim evitar confusão, dúvida, má interpretação, descontentamento ou frustração em nenhuma das partes.

Formar um grupo plural, com diferentes pessoas e formações distintas, vivências e anseios dos mais variados, não se faz de um dia para a noite, nem uma semana. Pelo contrário, leva-se bastante tempo. O sucesso desse time e o bom ambiente de trabalho conquistados por essas pessoas, dará início a um ciclo virtuoso de bons resultados coletivos. Tornar este grupo uma equipe vitoriosa, orientada na colaboração mútua, será algo notado por toda a organização que se beneficiará dos resultados obtidos. Já as pessoas sentem-se mais importantes e motivadas, para seguirem ligadas ao grupo e ao fluxo do trabalho.

Como gerenciar um time autogerenciável?

O líder irá atuar como um agente facilitador, parceiro desse time, seja buscando novas oportunidades para área, novos desafios, novas metas; mas sempre procurando desenvolver e destacar seus recursos. Pode procurar novas ferramentas para facilitar ainda mais o trabalho da área. Dará apoio e será um grande incentivador, que irá ajudar no desenvolvimento de novas técnicas e competências (com treinamentos), de maneira coletiva e individual. Ele reconhece a importância do grupo e da forma individual de cada membro. Deve saber o quanto pode explorar dessa equipe: pessoal e coletivamente.

Seu desejo passa longe do microgerenciamento da área. Confia no seu time e acredita que este time já possui maturidade suficiente para planejar, organizar e resolver as tarefas do dia a dia. Dessa forma, inclusive, é bem comum que sua presença passe muitas vezes despercebida. E seu time, por outro lado, até gosta desse jeito que as coisas são conduzidas. Contudo, umas das missões mais desafiadoras do líder da área é conhecer cada um da sua equipe de forma individualizada, afinal o trato com essas pessoas também se dará de forma única. A maneira com que lida, principalmente nos momentos sensíveis, não deve ser generalista. Por exemplo: vamos imaginar uma situação hipotética? Parece até engraçado, mas imaginemos que você seja o líder de uma pequena equipe (4 pessoas) onde:

- 1° Funcionário: *altamente competente* e *muito motivado*;
- 2° Funcionário: *altamente competente*, mas *muito desmotivado*;
- 3° Funcionário: *altamente motivado*, mas *sem competência*;
- 4° Funcionário: *sem motivação* e *sem competência*;

Que grupo fantástico. Distinto, hein! Mas sem gozação, pode ser que aconteça isso um dia e, nesse caso, não serão quatro abordagens diferentes? Quatro perfis bem diferentes de funcionários para tratar? Quatro questões? Porém, a regra básica desse jogo passa, invariavelmente, pela cordialidade e respeito com o outro.

Agora sendo bem honesto, o que ocorre hoje é que aquela imagem do "antigo chefe" grudado em nossos ombros tem se tornado coisa do passado cada vez mais. O ambiente tende a ser mais agradável e sensivelmente mais produtivo. Cada membro passa, até meio que de forma involuntária, a se tornar mais vigilante do processo, sente-se dono. Assim, o líder cria condições para afastar um pouco seu olhar da área e passa a enxergar o processo de uma forma mais ampla e macro, e assim promover mudanças, novidades e melhorias.

Define-se então uma maneira (ou uma ferramenta) para que ele possa acompanhar as entregas e resultados da área, sempre que julgar necessário e deixar sua equipe trabalhar de forma fluida, com tranquilidade e até com certo nível de autonomia.

O líder deve estar atento ao seu time, que nele confia. Estar aberto a ouvir as pessoas, seus anseios, seus planos e expectativas e, se possível, estabelecer acordos com prazos (curtos, médios e longos) e metas de performance individuais. Procura promover conversas recorrentes com seus times e membros para entender o momento de cada um.

Estreitar relações com sua equipe é fundamental para o sucesso do grupo, porque cada um saberá precisamente onde está posicionado na organização e, a partir daí, se estabelece uma meta a ser atingida. Muitas empresas utilizam, há algum tempo, de uma poderosa ferramenta chamada PDI (Plano de Desenvolvimento Individual), que pode auxiliar bastante na definição e no plano individual de cada membro, onde a ideia central é identificar e potencializar as competências individuais, que naturalmente sejam aderentes à necessidade da companhia. Por outro lado, é de extrema importância que também esteja aberto a críticas e sugestões. Ora, por que não? Se algo pode ser melhorado, que assim seja. Portanto, mente e ouvidos bem abertos. Ouça! Sempre há algo a ser considerado e melhorado.

Seis passos fundamentais para promover o trabalho em equipe

Entre tantos hábitos que desenvolvem a ideia de trabalho em equipe nas empresas, existem 6 que são fundamentais para que isso seja possível. São eles:

1 – Esteja presente: Um gestor que está sempre por perto e ajuda seus colaboradores é tratado com respeito e, apesar de ser uma figura de poder, é tratado como igual. Os funcionários o veem como exemplo a seguir e, assim, se esforçam para melhorar como profissionais e entregar resultados melhores.

2 – Conheça seus colaboradores: Mais do que funcionários desempenhando uma função, as equipes são compostas por pessoas. Pode parecer óbvio, mas muitas vezes os colaboradores de uma empresa não conhecem seus colegas tão bem. Essa relação de trabalho impessoal passa a ilusão de foco nas funções, porém na realidade afasta os membros das equipes e torna o trabalho mais automático e maçante.

3 – Incentive o diálogo: Incentivar o diálogo não é apenas prezar pelo convívio amigável entre os colaboradores, mas também pela resolução de pequenos conflitos e discussão racional diante de empecilhos e decisões. Uma equipe que não se comunica não é capaz de trabalhar de forma integrada, pois não há *feedback* do resultado de uma etapa ou tomada de decisão sobre um problema na execução de uma tarefa, como a falta de recursos.

Se a equipe tem o hábito do diálogo, ela se torna mais independente, já que consegue resolver pequenos empecilhos internamente. Desse modo, o resultado é mais unificado e de acordo com as expectativas.

4 – Aprenda a lidar com as adversidades: Ainda que as equipes conversem entre si, certos conflitos serão inevitáveis, principalmente quando há choque de opiniões. Quanto maior a equipe, maiores as chances de desavenças surgirem. Diante do *design* de um produto, por exemplo, a equipe está dividida entre dois estilos diferentes. Como figura de poder, é importante que o gestor se mantenha imparcial e resolva o conflito de forma justa, como por meio de uma votação, no caso.

5 – Divida as tarefas - Uma das vantagens do trabalho em equipe é conhecer as competências e limites de cada membro da equipe, tornando a divisão de tarefas mais justa.

Nenhum dos colaboradores fica sobrecarregado e as chances de um *burnout* acontecer são menores.

6 – Reconheça e celebre as conquistas - Quando uma equipe atinge determinada meta ou entrega um resultado, mas não é reconhecida por seu trabalho, os colaboradores se sentem desvalorizados e, consequentemente, desmotivados a continuar se esforçando para realizar suas funções. Ou seja, sentem que seu trabalho não agregou nada à empresa.

Por outro lado, quando o gestor reconhece o esforço por trás de cada resultado e parabeniza seus colaboradores por isso, eles passam a entender seu impacto na empresa e a trabalhar de modo a gerar melhores resultados. As comemorações podem ser simples, como um agradecimento ao fim de um projeto ou uma recompensa quando uma meta é batida.

Isso ajuda também na integração dos colaboradores, que trabalham juntos para entregar bons resultados e melhorar o desempenho da empresa.

O que é a cultura do *feedback*?

Trata-se de um termo usado para descrever a prática de oferecer opiniões construtivas sobre o trabalho exercido pelos profissionais da organização, podendo ser negativas ou positivas. Ainda assim, em muitas empresas, não há o costume de dar *feedbacks* no trabalho ou, em alguns casos, a devolutiva é vista como uma formalidade e não necessariamente algo que vai agregar ao colaborador.

Os benefícios, entretanto, são muitos. Receber um retorno sobre as atividades motiva os profissionais e até contribui para melhorias no clima organizacional. Quando a cultura do *feedback* é forte, os colaboradores não têm medo de falar com seus gestores.

O ideal é que os *feedbacks* sejam constantes e que consigam estimular o time. Isso porque nos sentimos mais valorizados no trabalho quando não há um período muito longo entre as devolutivas. Além disso, não adianta criticar o profissional sem ter acompanhado o processo, já que muitos problemas podem ser evitados. Os *feedbacks* no trabalho são extremamente importantes para o crescimento pessoal e profissional dos colaboradores e, mais que isso, são vantajosos para as organizações. Confira abaixo o porquê.

Fortalecimento do espírito de equipe

A cultura do *feedback* faz com que o profissional enxergue seu trabalho e o de seus colegas de outra maneira. É mais fácil perceber que o que cada um faz pode impactar todos os outros e que todos são um time em prol de um mesmo objetivo.

Mais transparência

Em um ambiente em que todos se sentem à vontade para falar e escutar, há uma transparência maior na comunicação. Todos se sentem parte da equipe e é possível evitar constrangimentos decorrentes de fofocas.

Melhor comunicação

Se a comunicação é mais transparente, os diálogos são facilitados. Ainda, os colaboradores sabem que não precisam discutir ou iniciar conflitos, pois podem simplesmente conversar uns com os outros sobre qualquer ocorrido.

Sensação de reconhecimento

Como dissemos, é comum que um colaborador sinta que é desvalorizado quando não há nenhum *feedback* sobre seu trabalho. Logo, proporcionar devolutivas com frequência faz com que todos percebam que são reconhecidos pelo que estão fazendo.

Possibilidade de desenvolvimento

É difícil saber em que pontos precisamos focar para melhorarmos em nossos trabalhos. O *feedback* nos auxilia exatamente nisso pois, por meio dele, descobrimos o que deve ser desenvolvido e, consequentemente, reduzimos as inseguranças.

Com um direcionamento claro, é mais fácil fazer um planejamento eficiente sobre as ações que precisam ser tomadas para aperfeiçoar o serviço e o que deve ser priorizado no momento.

Como receber *feedbacks* positivos ou negativos?

É por meio dos *feedbacks* no trabalho que sabemos como está nosso desempenho, o que significa que podem ser positivos ou negativos. Independentemente disso, precisamos aprender a receber esses retornos.

Mas é importante ter em mente que não estamos sendo perseguidos e que não vamos ser desligados por um comentário ruim. Então, saiba admitir o que precisa ser melhorado e como você pode desenvolver sua carreira a partir do que foi conversado.

Uma dica é não ficar na defensiva e ouvir com atenção o que está sendo dito. Assim, mesmo se algo que falarem não agradar, mantenha o controle e não faça nada que vá se arrepender depois.

O melhor é que você veja as críticas como comentários construtivos e, em vez de focar nos problemas, procure as soluções para evitar que eles aconteçam para realmente evoluir na sua vida profissional.

Se o *feedback* for negativo, não perca tempo reclamando. Assuma o que você poderia ter feito melhor e mantenha isso em mente em suas próximas atividades. Ainda, não há a necessidade de se sentir mal ou deixar que isso afete seu trabalho.

Como dar *feedbacks* para o líder? E como ele deve recebê-los?

Nem todo gestor é um bom líder, por isso, alguns podem reagir mal quando um colaborador resolve dar um *feedback*. Sabendo disso, prepare-se bem antes de dizer o que você quer. Uma ideia é elaborar um roteiro com os principais pontos positivos e negativos que deseja mencionar.

Durante a conversa, mantenha a educação e o respeito, apontando argumentos sempre que possível. Não deixe que o diálogo se torne uma acusação e, é claro, escute as respostas do seu líder. Por fim, deixe claro que suas intenções são boas e que você quer manter um bom relacionamento. Afinal, não faz sentido dar um *feedback* e ter problemas de comunicação depois.

Agora, se você é o líder, precisa aprender a escutar os seus colaboradores quando eles querem dar um *feedback*. Talvez você não concorde com tudo que está sendo dito, mas procure entender o lado da equipe. Assim, faça anotações sobre o que está sendo discutido, dê respostas coerentes e, depois de conversar, busque por maneiras de resolver quaisquer demandas apontadas. Tendo recebido o *feedback*, agradeça e diga o que será feito para alinhar as expectativas de todos.

Referências

- https://artia.com/blog/trabalho-em-equipe-passos-fundamentais/
- https://querobolsa.com.br/revista/feedbacks-no-trabalho-o-que-sao-e-como-lidar-com-eles

7. Composições de Times

Larissa Rodrigues

Este capítulo tem o intuito de abordar os diferentes tipos de perfis nos times. Sabemos que todo time tem pessoas e pessoas têm seu universo particular, seu jeito de falar, agir e ver o mundo.

O que vai ser escrito aqui pode contribuir a entender que todos, mesmo com suas particularidades, podem se adaptar e agregar ao time que estiver inserido.

Então vamos para mais um capítulo e espero que você, caro leitor, se identifique e aproveite o conteúdo que estou escrevendo nesse exato momento.

Saber identificar perfis

Vamos iniciar esse tópico em como saber identificar o perfil de cada pessoa no time que você está inserido. E como faremos isso? Bom, não é uma tarefa simples! É um exercício diário tentar entender o jeito de cada pessoa no qual você está trabalhando.

Quando estou lidando com as demandas com meu time, gosto de trocar ideia com a equipe, seja para pedir ajuda, seja para falar sobre algo mais técnico ou simplesmente para bater papo fora. Isso me ajudou muito a identificar perfis, consegui notar pessoas que são mais comunicativas, brincalhonas, pessoas mais técnicas e não tão comunicativas ou pessoas técnicas brincalhonas e comunicativas.

É importante existir essa troca que mencionei acima, porque quando você chegar numa posição de liderança ou estratégica, você vai precisar delegar algumas tarefas, vai precisar saber como aquela pessoa vai lidar com determinado desafio, como fazer *one on one* e, principalmente, como alavancar essa pessoa e explorar o potencial dela.

Se você estiver lidando com um time de desenvolvedores, é muito importante saber as *hard skills* de cada um, porque isso agrega muito em diversos problemas e não sobrecarrega nenhum integrante da equipe. Já atuei em um time multidisciplinar e, com certeza, posso garantir que atingimos 100% de entrega das nossas *OKRs* devido a nossa equipe ser composta por pessoas de diferentes perfis e *skills*. Cada desenvolvedor vai ter um perfil, tem uns que são motivadores, tem outros que são analíticos, tem outros que são construtores, ou seja, gostam de sugerir e construir coisas novas como melhorias e assim vai... Têm muitos perfis que, quando se unem, conseguem construir um time com diversas qualidades, que agregam muito em um produto ou projeto.

Time multidisciplinar

Sabia que o *Spotify* criou o termo "*Squad*", que significa "esquadrão" em inglês? Segundo eles, o termo foi adotado para definir times multidisciplinares com o intuito de desenvolver projetos com mais agilidade e autonomia. Eu, particularmente, acho essa ideia de *Squad* muito incrível, pois realmente na prática funciona.

É legal a gente perceber que a tecnologia vem evoluindo, mas também é legal perceber que as pessoas também estão evoluindo e tendo ideias que vão melhorar muito os processos dentro das empresas. Antigamente eram muito robóticos os processos, com apenas uma pessoa para desenvolver um sistema e o modelo de gerenciamento de projeto era o modelo cascata, que tem muitos pontos negativos, mas que funcionou muito bem no passado. Hoje em dia, temos muito mais informações e tecnologias. Por isso, é importante que saibamos lidar com as diferenças de cada um e usar isso ao nosso favor.

Ter um time multidisciplinar vai acelerar as entregas, vai ter mais troca de conhecimento, comunicação direta. É muito mais natural o conhecimento ser absorvido em um time multidisciplinar, os ganhos são imensuráveis. Um dos pontos mais legais que eu pude notar é o time se sentir mais confiante e por dentro de tudo que está acontecendo, já que essa troca é contínua. Também pude notar um aumento na produtividade de times que têm conhecimentos distintos, pois os integrantes se sentem mais capacitados e a maior proximidade com os outros integrantes faz com que cada integrante consiga aprender algo que o outro já tenha mais conhecimento.

Para colocar isso de uma maneira mais prática, posso falar o que acontece na área que atuo atualmente. Tivemos uma ideia de fazer uma "sala de guerra", que é basicamente juntar pessoas de várias equipes e atuar em demandas diversas. O resultado disso foi ter menos tempo de investigação do problema e mais desenvolvimento e resolução. Isso porque cada integrante tinha um conhecimento em alguma coisa, no qual ajudou muito a resolver os problemas. Se você nunca experimentou, aconselho sugerir esse modelo à sua equipe, vai ser muito mais produtivo e divertido.

Definição de papéis na equipe

Sabemos que uma equipe não é formada só por desenvolvedores, certo? Existem integrantes que têm diferentes papéis em uma equipe. É importante definirmos cada papel dentro de uma equipe, porque isso é fundamental para aproximar as pessoas e entender a necessidade de cada um.

Geralmente uma equipe tem um *Product Owner/Product Manager*, que é a pessoa que está responsável por entender sobre o produto ou projeto, e vai estar mais próxima da gerência e dos *stakeholders*. Ela entende a necessidade do cliente e contribui com sugestões de melhorias para, então, passar isso para o time de desenvolvimento.

Temos também o/a *Scrum Master*, que auxilia o PO/PM a definir as prioridades, direcionar o time a entregar valor ao negócio, aplica metodologias ágeis, ajuda a incentivar a equipe diante de alguma dificuldade e mediar algum conflito, se houver, em uma equipe.

Em algumas equipes, podemos contar também com *UX/UI Designer*. Esses caras têm o trabalho mais legal do mundo, que é fazer a conexão das necessidades do sistema e melhorar a experiência do usuário, ou seja, eles ajudam a deixar a usabilidade do sistema de um jeito em que o usuário final vai se sentir muito mais confortável e interessado no produto. Parece uma tarefa fácil, mas não é! Entender o que o cliente gosta é a coisa mais difícil do planeta, pois lida diretamente com o ser humano.

Não podemos esquecer dos nossos amigos e amigas QAs (*Quality Assurance*), que são famosos por fazerem os desenvolvedores passarem raiva. Eles vão testar cada funcionalidade do sistema que foi desenvolvida, vão garantir que o sistema está testado e sendo entregue com qualidade. Cada mínimo errinho, eles pegam!!!

E finalmente, temos os desenvolvedores! Aqueles seres que vivem em cavernas no escuro e não gostam de serem perturbados. Parecem esquisitos, mas são gente boa! Esse pessoal é quem está no *background*, que escreve os códigos e aplica várias metodologias e padrões de projeto para deixar o sistema funcionando perfeitinho para o usuário final.

Colaboração, comunicação e transparência

Em um time, é importante termos um perfil colaborativo, pois isso irá agregar. Uma pessoa com o perfil colaborativo consegue perceber quando alguém precisa de ajuda. Ajudar o outro vai alavancar o tempo de desenvolvimento e, para essa pessoa com esse perfil, não vai ser desconfortável estar nessa posição. Por isso, é importante sempre escolhermos pessoas colaborativas em uma equipe.

Quando é uma pessoa mais analítica, ela vai conseguir traçar uma análise profunda do que deve ser feito ou de algum problema, sendo mais objetiva. Geralmente, perfis analíticos são um pouco mais detalhistas e retraídos e, por isso, a importância da comunicação e o equilíbrio nos times.

Com uma boa comunicação no time, tudo fica mais fácil e rápido de se resolver. Tem que haver transparência e alinhar as expectativas dentro da equipe e com a gerência, porque quando não há essa transparência, o integrante se sente desconfortável em expor algumas situações ou processos no qual ele não está acostumado. É fundamental criar um ambiente seguro para seus integrantes.

Se você for um gerente, entenda que cada pessoa é uma pessoa, tenha paciência, seja claro e direto no que quiser passar. Não tente esconder informações ou iludir as pessoas do time, isso pode deixar seu time frustrado e com a confiança baixa. Seja honesto e profissional com os outros, isso vai te tornar uma referência e os próprios times irão se sentir mais confortáveis em expor dificuldades e sugerir melhorias.

Respeito

O ponto mais importante desse capítulo, é ter respeito por seus colegas de equipe. Jamais subestime alguém, tenha empatia com os que estão começando, seja compreensivo com pessoas diferentes de você, pois isso vai te fazer se tornar rico em cultura e conhecimento.

Quando não há respeito no time, o clima fica muito pesado. Já tive experiência em um lugar, onde os estagiários eram subestimados, os mais experientes “mandavam” fazer café como uma tarefa a ser feita pelos estagiários. Eu, claramente, achava aquilo um desperdício de tempo e uma cultura péssima a ser seguida. Era como se o estagiário só estivesse ali para fazer tarefas que os outros integrantes não queriam fazer ou não era mais responsabilidade deles, sabe? E aí, fica o questionamento: Como você quer que o outro te respeite se nem você sabe respeitar a outra pessoa? Que exemplo você quer ser na vida da outra pessoa? O bom ou o mau exemplo? Fica a seu critério!

Veja mais:
Mais detalhes sobre esse assunto no capítulo:
14 - Qual o seu exemplo para o time

Como descrevi acima, essa situação é uma situação desrespeitosa, temos que ter profissionalismo e respeito com os colegas e não só com os superiores. Quando temos respeito, sabemos o limite de cada um da nossa equipe, nos tornamos parceiros durante o trabalho, se temos um problema, vamos resolver e, assim, o respeito se torna um pilar em um time.

Cultura

Cultura não vem pronta, ela é construída por pessoas ao longo do tempo. Por isso, é importante esse *mix* de perfis em uma empresa ou equipe.

Já pensou se tivéssemos uma empresa com pessoas iguais? Como seria? Provavelmente seria muito problemático, porque minhas vontades são únicas, eu sou de um jeito e que, às vezes, nem eu me suporto. Se não houvesse esse *mix* de perfis, eu teria que trabalhar com pessoas iguais a mim e seria muito mais difícil de lidar, eu não iria saber me responder coisas nas quais eu mesma não vivi. Imagina o mesmo ponto de vista sempre? Não existiriam terapeutas no mundo! Não precisaríamos, não é mesmo?

Se sua empresa ou time não tiver uma cultura legal, construa essa cultura! Sei que é difícil mudar a cultura de um lugar, mas tente construir com bons hábitos em seu time, seja compreensivo com os demais e isso vai tornar o ambiente mais leve e acolhedor.

A maioria dos desligamentos são por causa do *fit* cultural com uma empresa ou até mesmo porque a equipe não tem uma cultura legal. Eu já passei por isso, é ruim demais você não se encaixar, por mais que tente, naquele lugar. Por isso, insisto na ideia de construir uma cultura dentro do seu time e propagar essa cultura na empresa. Se cada um fizer um pouquinho, com o tempo vai se tornar maior.

Referências

- Não utilizado referências externas

8. Conduzindo uma entrevista

Tauan Abreu

Antes de falarmos sobre a entrevista em si, tenha em mente a etnografia, cuja é a prática e captação de dados através de observações, entrevistas e questionários. O objetivo dessas pesquisas etnográficas é explorar, de forma próxima, como as pessoas interagem em determinados espaços e objetos, pois nem sempre as pessoas conseguem verbalizar nas entrevistas o que verdadeiramente pensam ou querem sobre tal assunto, mas possivelmente trazem isso através da linguagem corporal, dos tipos de ambiente em que escolhem estar para se sentirem à vontade e, dentre outros pequenos detalhes escondidos, que compõem sua personalidade.

Este capítulo tem como objetivo trazer dicas e instruções de como executar o melhor tipo de entrevista para contratar e preparar o melhor colaborador para seu time, desde a preparação do roteiro até o momento de escolha e tomada de decisão sobre o candidato ideal.

Fonte: https://freepik.com

O primeiro passo para conduzir uma boa entrevista se inicia antes mesmo do bate papo em si, na preparação e definição de seu roteiro. Para isso, é importante estabelecer certos parâmetros básicos como: Qual o perfil compatível com a empresa e ao respectivo cargo, perguntas objetivas, média de tempo (certas entrevistas podem levar minutos ou horas), dentre outras particularidades que o contratante pode vir a querer ter.

Em todo processo seletivo, existe certa tensão e nervosismo por parte do entrevistado, que possui expectativas para conquistar o cargo e, também, do entrevistador, onde é necessário estar atento para a escolha do candidato ideal, dentre diversas personalidades diferentes, sem comprometer a empresa.

Onde e como:

A primeira coisa a se pautar em um roteiro para conduzir uma entrevista é a escolha do ambiente ideal para que ambos os lados estejam confortáveis e à vontade. Nos tempos atuais, onde a maioria das empresas fazem suas entrevistas de emprego por videochamadas, esta etapa fica mais fácil, pois fica a critério do próprio entrevistado onde ele mesmo irá realizar a chamada.

Sobre as videochamadas, existe um ponto delicado, pois você, como entrevistador, adentrará em um espaço do entrevistado (caso ele faça no quarto de casa, por exemplo) ou ao menos algum outro lugar da própria escolha, e isso já traz mais possibilidade de você traçar a personalidade e comportamento. Fora os recursos de ferramentas, como gravação de tela, que permite um melhor estudo (mas sempre com consentimento de ambos os lados, sempre que houver uma chamada gravada), dentre outros.

Feito isso, com a escolha do ambiente definido, ao receber o candidato para a entrevista, evite ir direto ao assunto e use os primeiros minutos para descontrair e aliviar a tensão. Procure fazer perguntas leves, descontraídas e amigáveis. Quando o indivíduo se sente mais confortável, consegue explicar melhor suas motivações e mostrar com mais clareza seu potencial para atuar na vaga.

Em hipótese alguma faça perguntas íntimas e sobre seu tipo de orientação sexual. Além de poder constranger o candidato, isso pode prejudicar e desmerecer a imagem de sua empresa.

Se for uma vaga de diversidade, pense em convidar alguém que represente o grupo para participar da reunião, mesmo que não tenha alguém com esse perfil na sua área, convide alguém de alguma outra área para que as pessoas se sintam representadas na entrevista e tenha maior nível de conforto.

Após essa troca inicial, comece a falar sobre a empresa em si, como é a operação, seu funcionamento, o que faz, sobre o cargo e o que ele representa dentro da organização. Sempre mencione os benefícios que a empresa oferece aos seus colaboradores e importante dizer também suas políticas e filosofias.

Perguntas objetivas:

Tenha em mente que, para conduzir uma entrevista, você enfrentará as mais diferentes personalidades. Logo, existem pessoas que respondem por quase horas uma única pergunta e, por outro lado, existem pessoas que poupam palavras e não aprofundam quase nada.

Portanto, procure elaborar perguntas objetivas, que sejam de rápido entendimento. E para saber como formar essas questões, é interessante trocar conhecimento com alguém que corresponderá ao mesmo time do candidato ou, se possível, de mesmo cargo, descobrindo quais são as características necessárias para obter sucesso na área.

Outra forma é olhar para os colaboradores que são destaques na sua empresa, observando o que os fazem serem diferenciados dos demais e, assim, traçar este perfil para encontrar semelhanças nos candidatos à vaga.

Lembre-se de sempre ter o currículo da pessoa a ser entrevistada em mãos, pois dificilmente você conseguirá estudar e lembrar de tudo antes da conversa. Ele será de grande ajuda para puxar assuntos técnicos e experiências anteriores, pedindo para que ele possar dar mais detalhes sobre os assuntos e suas *expertises*.

Ponto de atenção:

Você está ali como entrevistador, conduzindo as perguntas, portanto lembre-se de ouvir mais do que falar. Em uma estimativa em números, o ideal é o entrevistador falar apenas entorno de 30% do tempo da entrevista e os 70% restantes para o entrevistado.

Tudo bem se algumas respostas forem rápidas, não tente tampar o buraco do silêncio falando pelo seu candidato, pois muitas vezes com um pouco mais de paciência pode resultar em uma grande oportunidade de percepção. O silêncio ou às vezes não saber uma resposta certa, fazem parte e está tudo bem quanto a isso.

Evite ao máximo interromper o candidato, pois isso pode gerar certo bloqueio e impede que você colete informações importantes. O fator "tempo" acaba implicando muitas vezes para que isso aconteça, mas lembre-se, caso haja necessidade, faça o corte da resposta de forma educada, se possível com algo que já leve para a próxima pergunta, dando continuidade.

Em casos que o candidato esteja expressando muito suas opiniões sobre si, aproveite esta oportunidade para criar questões em volta delas. Como por exemplo: caso o candidato se diga um desenvolvedor muito competente, pergunte quais projetos ele já fez parte ou quais projetos foram mais desafiadores em sua carreira até o momento.

Fique sempre atento ao que a pessoa que busca a vaga na sua empresa está falando, pois um dos maiores atos de desrespeito que pode ocorrer durante uma entrevista é a falta de interesse por parte do entrevistador. É preciso prestar atenção não só no que é verbalizado, mas também em seus gestos, como postura, olhares etc. pois, como falamos no início do capítulo, a linguagem corporal diz tanto da pessoa quanto o que de fato ela tem como intenção dizer.

Dica: assim como você espera uma postura de seu candidato, procure ter também como entrevistador, evite olhar ao celular ou qualquer fonte que possa desviar sua atenção durante o bate papo, mesmo que o assunto seja sobre o trabalho.

Dica 2: Por mais que tenha a necessidade de ter alguém especializado em um assunto técnico, não deixe de avaliar as *SoftSkills*, isso fará grande diferença no relacionamento, comunicação, união e engajamento do time como todo.

Fonte: https://freepik.com

Reta Final:

Após encerrar suas perguntas, separe os minutos finais para que o candidato à vaga possa tirar suas dúvidas. Seja sempre sincero quando as perguntas forem em relação a questões que envolvam funções, salário, jornada de trabalho, ambiente de trabalho.

Procure perguntar ao candidato se ele possui algo a acrescentar, experiência ou observação sobre seu possível cargo na empresa. Aproveite também para dar uma última revisão em suas perguntas, conferindo se realizou todas e não deixou nada relevante passar.

O processo da entrevista não acaba ao fim da chamada. Ao se despedir, informe um prazo, que você já tenha planejado, para enviar o resultado do processo da candidatura. Este *feedback* é muito importante para todos os indivíduos que participaram da entrevista, mesmo que não sejam contratados. É necessário pontuar a eles como um retorno construtivo, podendo evoluir e se prepararem melhor para futuras entrevistas.

Conclusões:

A base para qualquer boa entrevista é a empatia. Lembre-se como era estar do outro lado da mesa, pois um dia você possivelmente esteve nela, tenha o respeito e postura que você gostaria que tivessem com você e sua empresa.

Não deixe nenhum tipo de julgamento e preconceito afetar o direcionamento e o resultado da entrevista. Não há motivo externo algum que impeça de você fazer a contratação ou ter um tratamento respeitoso durante a entrevista.

Esteja aberto a coisas novas e procure sempre diversificar seu ambiente de trabalho. Permita também a possibilidade de pensar fora da caixa, aceite novas ideias, muitos *insights* podem surgir durante uma entrevista para determinados cargos.

A entrevista de emprego é o primeiro contato e impressão que causamos para o que pode vir a ser o futuro colaborador, então certamente ela será lembrada por muito tempo. Seja sempre educado e gentil, pois mesmo que o candidato não consiga o cargo, será esta entrevista que ele terá em mente ao lembrar da sua empresa.

Referências

- Não utilizado referências externas

9. Diversidade e oportunidade para os iniciantes

Larissa Rodrigues

O mundo é bem grande e pensar que todos nós somos iguais e temos as mesmas experiências e o mesmo nível de conhecimento é como tentar atravessar uma rua movimentada com os olhos vendados. Todo mundo sabe que não vai dar muito certo e que é extremamente perigoso.

Pensando nesse contexto, nós podemos e devemos pensar na diversidade e nas oportunidades e em como é perigoso acharmos que todos têm as mesmas oportunidades e que a diversidade não é importante porque, ao pensarmos isso, é como se quiséssemos atravessar uma rua mega movimentada com os olhos vendados e na realidade, ninguém quer fazer isso.

Quando falamos de diversidade e oportunidade, vai muito além do tema que estamos acostumados a ouvir diariamente, sobre como as empresas e a sociedade precisam incluir e sobre como essas pessoas precisam de oportunidades. Os dois assuntos conversam muito bem, mas para expressar melhor, vamos falar disso de maneira separada e depois em como eles se complementam.

Oportunidades

Quando somos crianças e queremos aprender alguma coisa, nós temos total chance de começar algo novo e do zero, inclusive, nós somos estimulados a isso. Quando chegamos na adolescência, essa chance de começarmos algo do zero passa a diminuir um pouco e aí, quando viramos adultos e precisamos escolher uma profissão, as chances diminuem mais do que pela metade. Talvez você esteja se perguntando "*Onde isso vai dar?*"

E eu te conto, as oportunidades surgem de pessoas que entendem que não importa que nós somos adultos ou jovens adultos, essas pessoas entendem que tudo bem nós termos nos decidido conhecer algo novo e sermos iniciantes naquilo. Elas entendem que nem todo mundo nasce sabendo e que estar disposto a aprender é muito mais divertido do que uma pessoa que se recusa a aprender, até porque isso me lembra uma frase que eu li uma vez, ela dizia "*É muito difícil ensinar quem não está disposto a aprender*".

O exemplo que podemos tirar disso é quando uma pessoa quer iniciar no mercado de trabalho e começa a procurar estágios e se depara com o eterno ciclo do "*preciso que você tenha experiência para esse cargo*" e "*eu estou procurando um estágio justamente para ter experiência*" e, no fim das contas, parece que ninguém consegue nada. A empresa não consegue um candidato porque não está disposta a oferecer uma chance e o candidato fica sem uma vaga, porque não conseguiu uma oportunidade. Isso parece ter se tornado um grande ciclo, onde o mercado de trabalho decidiu parar de ser gentil com quem está iniciando.

Quando estamos iniciando, é muito difícil nos sentirmos seguros e confiantes no conhecimento que nós temos. Nós precisamos de validação, na maioria das vezes, para ter certeza de que não erramos de uma maneira que pudesse estragar o sistema de uma empresa. E precisamos também de pessoas pacientes e que estejam dispostas a nos ensinar e que sejam compreensivas e entendam que cada um tem seu ritmo de aprendizado.

E quando falamos de oportunidade e começar em algo novo, não precisamos limitar isso a pessoas que querem estágios ou que estão recém-saídas da faculdade e querem, por exemplo, o primeiro emprego ou uma vaga de *trainee*. Devemos lembrar também daquelas pessoas que, por algum motivo, decidiram mudar de área de atuação depois de alguns anos. Essas pessoas podem trazer grandes habilidades e ensinamentos para o time como um todo.

Não dar oportunidade para pessoas que estão começando ou pessoas que estão migrando de área e, consequentemente, se tornam iniciantes. Podemos falar da possibilidade de perder grandes profissionais que tenham habilidades muito boas e *skills* muito relevantes, e que agregariam como pessoa e como integrante do time. As chances existem e elas precisam ser redirecionadas para quem realmente tem vontade de aprender e agregar. Mas isso só acontecerá quando estivermos abertos a aceitar as pessoas recém-chegadas, entendermos seus *gaps* e entendermos que, assim como elas, em algum momento de nossas vidas, também fomos iniciantes.

O melhor conselho que eu posso dar é: dê as oportunidades para quem está querendo, quem está se esforçando e seja para essa pessoa iniciante, a pessoa que você queria ter encontrado quando estava iniciando também.

Diversidade

O tema diversidade dentro das empresas começou a ser importante e ganhar visibilidade tem pouco tempo, mas ele sempre foi importante. A diversidade é um assunto bastante abrangente porque vai além do conhecimento geral que inclui os negros, LGBTQIA+ e algumas minorias que nem sempre são lembradas, como os imigrantes e os indígenas e muito mais.

A gente pode partir da definição de diversidade que é qualidade daquilo que é diverso, diferente. Uma das bases da nossa sociedade é a diversidade e sobre como somos capazes de viver com pessoas diferentes de nós, isso inclui pessoas com diferentes histórias, crenças, raças, orientação sexual, nacionalidade e outros.

Dentro da nossa base da diversidade, podemos encontrar o pilar principal da diversidade, o respeito. Quando convivemos em sociedade, precisamos saber respeitar o outro mesmo que ele não aja, não fale e não se comporte como nós esperamos. O que não podemos jamais fazer é desrespeitar o outro porque não concordamos com algo ou porque achamos “diferente”.

Dentro de uma empresa e de um time, precisamos ter a visão de que ambos são compostos por pessoas e que encontrar pessoas que, por mais diferentes que sejam, possuam princípios parecidos, isso ajuda a montar e a manter uma que, quanto mais diferente e complementares forem essas pessoas, melhor será a convivência e a solução de algum problema proposto.

As diferenças nos ajudam a crescer como pessoas e como profissionais, porque quando somos expostos a novos conhecimentos, novas habilidades e experiências de outras pessoas, isso abre nossa mente de uma maneira jamais vista.

Podemos exemplificar isso pensando em um *bug* que aconteceu no sistema e que, quando temos um time multidisciplinar, pode ter alguém dentro do time que já viu um problema parecido e que sabe como resolver ou que tem noção de como começar a resolver, e o time pode se juntar para encontrar o final da solução.

Diversidade x Oportunidade

Agora que já falamos da diversidade e da oportunidade de maneira distinta e separadamente, vamos falar delas juntas e em como elas caminham lado a lado.

Quando pensamos em crescer o time, o primeiro passo normalmente é pensar em qual papel estamos sentindo falta no time e, depois isso, pensamos no nível de habilidades que aquela pessoa precisa ter. Se precisamos de um *Software Lead Engineer*, as chances de optarmos por um pleno e/ou sênior são bem grandes.

Agora, quando estamos procurando um júnior, algumas pessoas pensam que eles precisam de grandes experiências e muitos testes para provar o quanto são bons e o quanto são capazes de agregar e, com isso, o time pode estar perdendo a chance de conhecer uma pessoa muito legal e que iria agregar com muito conhecimento. E o mesmo acontece quando, em alguns processos seletivos, podemos não "ir com a cara" de algum candidato por conta da sua aparência e julgamos isso como fator para não o aceitar na vaga.

A linha entre a diversidade e a oportunidade é bem tênue porque se julgamos por aparência, nosso argumento de diversidade cai por terra e se julgamos por um teste que não reflete a realidade do dia a dia do time, mais uma vez o argumento cai por terra. E por isso vamos falar de alguns pontos que mostram como esses dois tópicos se encontram.

Classes Sociais

Nos últimos anos, ficou muito nítido como estamos vivendo num abismo social e em como isso afeta o acesso ao conhecimento e às oportunidades das pessoas num contexto geral. A desigualdade social mostra o quanto as oportunidades batem muito mais na porta de pessoas com condições sociais do que na porta de pessoas de baixa renda.

E tudo isso começa quando uma pessoa de renda alta consegue ter mais acesso ao conhecimento e isso lhe mostra as melhores oportunidades, porque seu ciclo vai se tornar mais propício para isso. Agora, quando é uma pessoa de baixa renda, além da dificuldade de acesso ao conhecimento, ela nem sempre terá acesso a certos tipos de oportunidades porque algumas empresas já começam com o impeditivo do local de onde a pessoa mora, ou seja, quanto mais distante ela morar e a empresa a considerar como um "gasto", menor será a chance dela de conseguir aquela vaga.

Algumas empresas têm a famosa "falta de consciência de classe". São empresas de determinados ramos que, desde o primeiro momento, já começam com a exclusão de pessoas, não dão oportunidade e, nitidamente, não se preocupam com a diversidade. Podemos começar falando das empresas que possuem um *dress code* que, de início, parece ser um tema super simples, mas que, quando olhamos a fundo, deixam as pessoas reféns de marcas caras e que, se elas não tiverem a condição financeira de manter as marcas caras, elas não terão oportunidade de ingressarem naquele ambiente.

As empresas que possuem esse comportamento não costumam também contratar pessoas que não participam dos mesmos círculos de pessoas do alto escalão da empresa, e isso mostra também o quanto esse comportamento exclui a necessidade de diversidade dentro das empresas. Exclui a possibilidade de agregarem pessoas aos seus times apenas pelo fato de as pessoas estarem numa condição financeira diferente, e acabam pensando mais em quantos reais a pessoa tem na sua conta e os círculos que frequenta do que na sua capacidade profissional, e isso afeta diretamente também em quais serão as pessoas que terão oportunidades para crescerem até mesmo dentro desses ambientes.

Diversidade nas Lideranças

Quando começamos a discutir o acesso ao conhecimento que influencia nas oportunidades, começamos a pensar também sobre a diversidade das lideranças.

Ao falarmos que precisamos de diversidade, um ponto principal que sempre fica de lado é a diversidade na liderança. A maioria das empresas são compostas por lideranças masculinas e, quando fazemos parâmetro de onde estão as lideranças femininas, percebemos que nas empresas que convivemos no nosso dia a dia, isso quase não existe.

A liderança que conhecemos, em sua maioria, são lideranças masculinas, e quando pensamos nas promoções que essas lideranças dão, mais uma vez chegamos ao fato nada chocante de que um líder homem, em sua grande maioria, indica outro homem para a liderança.

Nos últimos anos, começamos a perceber um movimento diferente em algumas empresas e vimos uma busca real na diversidade da liderança. Hoje, conseguimos ver mais informações e casos de mulheres chegando à liderança, coisa que não víamos anos atrás. E essa diversidade começa a crescer em diferentes pontos.

Olhando pelo lado da tecnologia, podemos perceber como hoje em dia o mundo de TI deixou de ser conhecido como "o mundo dos homens" e deixou de ser chocante quando alguém descobre que uma mulher trabalha com TI, e passou a ser apenas uma profissão onde todos acham interessante e as mulheres ganharam o interesse de entrar e mostrar seus conhecimentos e suas capacidades.

Um bom exemplo de liderança inclusiva e que exerce a diversidade é a Camila Farani, empreendedora, investidora e educadora. Ela tem toda uma trajetória muito interessante no empreendedorismo e comenta sempre sobre suas experiências antes de tornar-se empreendedora e em como essas experiências ajudaram ela a entender como uma liderança inclusiva é ótimo e traz bons frutos, porque demonstra sempre o quanto o respeito e o acolhimento aos integrantes do time dela proporcionam um bom ambiente, e isso vira terreno bom para que esses integrantes percebam que eles possuem oportunidades que fazem eles evoluírem e se sentirem valorizados a crescer.

A Camila se torna um ótimo exemplo de liderança feminina também à quebra ao estereótipo de que uma liderança para ser boa e efetiva ela precisa ser executada por homem, pois "homens têm pulso forte". Ela se tornou uma referência quando o assunto é investir em *fintech* e mostrar o quanto é necessário ter diversidade e oportunidade para as pessoas dentro das empresas.

Em um de seus últimos posts no *LinkedIn*, Camila questiona sobre como a maneira que os *feedbacks* são feitos podem afetar as pessoas dentro da organização. E pode parecer que isso não tem nada com o tema, mas na realidade tem sim e eu te conto o motivo.

Quando você está numa organização e está procurando uma chance de crescer ali dentro, você precisa de um *feedback*. Se torna quase impossível crescer e ter noção de quais são as suas chances ali dentro quando você não tem ideia de como está se saindo. Quando falamos de liderança num contexto geral, e da sua diversidade dentro dela, falamos mais uma vez de um tema muito mais abrangente.

Precisamos entender também que a diversidade dentro das lideranças equivale a termos líderes que são humanos e entendam que a empresa é composta por pessoas e que pessoas possuem visões distintas e opiniões diferentes a determinadas coisas, e quanto mais soubermos lidar com isso, melhor será. Empresas são pessoas, não prédios. Não são os prédios que resolvem os problemas e acham soluções.

Toda vez que pensarmos em diversidade e oportunidades, precisamos pensar que as pessoas podem fazer coisas incríveis quando possuem a oportunidade correta. Logo, devemos entender que não importa de onde você veio, seja olhando pelo lado financeiro ou pelo lado nacional, o que importa é como você é realmente comprometido com algo e quer fazer parte daquilo e ver crescer.

A diversidade e a oportunidade sempre andarão lado a lado, elas praticamente coexistem para que possamos entender que as pessoas precisam receber oportunidades para que consigamos ter sempre a diversidade.

Referências

- Não foram utilizadas referências externas

10. Estabilidade ou novos desafios?

Rodrigo Menchio

Reconhecer seu atual momento na trajetória da sua carreira é por si só um desafio, e deve ser feito com maestria.

Fonte: https://pixabay.com/pt/illustrations/escalando-escalador-picador-de-gelo-4514507/

Falar sobre esses dois temas é delicado, pois envolvem diversas variáveis que, muitas das vezes, não visualizamos de forma trivial. São inúmeros fatores internos que compõem essa tomada de decisão e, para isso, precisamos pensar com clareza e estratégia.

Vamos discutir sobre 5 fatores que merecem atenção para definir o destino da sua carreira.

1. Objetivo pessoal

O primeiro ponto que discutiremos é sobre o seu principal grande objetivo. É extremamente comum que cada pessoa tenha um grande objetivo pessoal na sua vida, seja a realização de um sonho ou a conquista de um bem material almejado como, por exemplo, uma casa ou uma viagem dos sonhos.

Dependendo da dimensão do seu objetivo, precisamos movimentar tudo ao nosso redor, nossa rotina, nossos hábitos diurnos e noturnos, nossos relacionamentos e nosso emocional, para que nossa trajetória seja facilitada.

Todo esse movimento estratégico gera um desgaste mental, que interfere na tomada de decisão do rumo da sua carreira.

Desafios ou estabilidade?

Algumas perguntas que parecem clichês podem ser utilizadas para o reconhecimento do seu objetivo, como por exemplo:

- Onde eu quero estar daqui a 5 anos?
- Qual cargo eu almejo para os próximos meses?
- Para quais lugares eu desejo viajar?
- Que familiar eu quero ajudar?

Se o seu objetivo maior estiver alinhado com sua carreira profissional, com a corporação que você trabalha ou com conhecimentos técnicos ou interpessoais, tens um excelente ponto para se trabalhar a favor dos desafios, já que o crescimento profissional, na maioria das vezes, está associado a tarefas desafiadoras e que te tiram da zona de conforto.

A escolha por desafios é a melhor opção nesse caso. Desafios geram aprendizados, que geram novas ações, que geram novos valores, que chamam a atenção de pessoas e mais uma dezena de reações em cadeia, que impactam todo o ecossistema ao seu redor.

Se o seu objetivo maior estiver alinhado com alguma realização pessoal, você precisa definir pequenas metas para facilitar a conquista e analisar o seu momento na sua carreira.

Para quem possui um grande objetivo que não está relacionado com o seu trabalho, precisa levar em consideração que aderir a novos desafios pode consumir uma carga mental elevada, o que pode tomar bastante tempo que deveria ser investido na sua realização.

2. Momento

Um ponto que deve ser considerado é o seu momento como ser humano. Todos nós temos outras obrigações fora do ambiente corporativo, sejam elas cuidar dos seus filhos, familiares, estudar para a faculdade ou até mesmo a elaboração de um projeto pessoal, que demande bastante tempo.

Tendo em vista esses pontos, devem ser considerados os fatos de que novos desafios tomam muito tempo para aprendizado, para maturação da ideia e para a execução em si.

Em contrapartida, momentos de estabilidade proporcionam mais tranquilidade para a execução de tarefas fora do trabalho, como planejar uma nova iniciativa, uma viagem ou até mesmo cuidar da saúde.

A questão aqui é exatamente essa. Saiba que existe uma relação direta entre aderir a novos desafios e o seu tempo disponível para as atividades.

Caso escolha por desafios, mesmo tendo uma rotina repleta de atividades pessoais fora do ambiente de trabalho, defina metas palpáveis e metrificáveis para atingir um progresso em ambas as atividades.

3. Conhecimento

A autoavaliação do seu conhecimento é um ponto de grande importância para a decisão dos próximos passos da sua carreira.

Logicamente falando, para atingir a estabilidade, é necessário que você tenha conhecimento suficiente para realizar suas tarefas sem muitas dificuldades e com maestria.

Antes de topar novos desafios, você precisa solidificar os conhecimentos adquiridos, para que uma cadeia lógica e mental seja construída na mente, gerando valor e solidificando o avanço na carreira.

Um grande equívoco cometido por muitos, inclusive por mim, é topar novos desafios, quando você ainda não consolidou tudo o que aprendeu no seu atual cargo ou desafio, o que deixa furos de conhecimentos e falta de associação dos temas.

Perceba que desafios e estabilidade seguem trilhas opostas e que demandam esforços diferentes e refletem de forma diferente na sua rotina.

Se você sente que já aprendeu tudo sobre o seu fluxo de trabalho e está em busca de novas atividades, topar desafios é a melhor opção, mas saiba que possivelmente terá que reorganizar a forma com que você conduz o seu dia a dia.

Se você está confortável com a estabilidade e está planejando outras atividades pessoais, prefira por manter o ritmo e tocar as outras áreas da sua vida, sem deixar a qualidade do que você já sabe fazer cair.

4. Personalidade

Você conhece a sua personalidade? Cada pessoa cresce em um contexto familiar diferente, com influências diferentes e referências diferentes, e, por isso, formamos personalidades diferentes, totalmente distintas e com milhões de possibilidades de combinação.

Existem pessoas que possuem a necessidade de enfrentar novos desafios com frequência, antes que caiam em um vale do desânimo e deixem de aproveitar o seu potencial por completo.

Em contrapartida, a estabilidade é um dos principais objetivos de personalidades específicas.

Por esses motivos, você deve identificar o seu tipo de personalidade e definir suas prioridades. A escolha do rumo e o sucesso da sua carreira depende fortemente da compatibilidade da sua escolha com o seu tipo de personalidade.

Novos desafios podem ser assustadores para personalidades conservadoras e podem reduzir o potencial dos resultados, assim como a estabilidade e trabalhos recorrentes e rotineiros podem destruir o potencial criativo de uma personalidade inquieta.

5. Oportunidades

Apesar dos fatores anteriormente comentados se referirem a sua pessoa, fatores externos também precisam ser considerados, como as oportunidades.

Mesmo que você já tenha decidido o seu destino profissional através dos aspectos descritos, oportunidades surgem como um cogumelo no campo após um dia de chuva e podem mudar a sua trajetória.

Avalie as oportunidades de forma lógica e racional, levando em consideração seus objetivos, mas também supondo o destino, caso a nova oportunidade seja aceita.

Oportunidades surgem e desaparecem num piscar de olhos, e devem ser abraçadas com confiança, pois podem gerar resultados além do que você tinha previsto.

Conclusões

A decisão entre novos desafios ou estabilidade depende de muitos fatores, portanto, é individual para cada pessoa. Não se deve generalizar o processo de escolha.

O ser humano é suscetível ao erro e não há nada que possa ser feito caso isso ocorra.

A reavaliação da escolha é aceitável e deve ser feita caso esteja desalinhada com sua mentalidade, para que o seu bem-estar seja preservado.

Ambas as opções possuem pontos positivos e negativos e consequências baseadas na trajetória durante a sua escolha.

Antes de dar um passo na sua carreira, avalie e reavalie toda a atmosfera da sua vida, para que o resultado seja o mais próximo ou melhor do que o esperado.

Referências

- Não foram utilizadas referências externas

11. Autonomia X Direcionamento

Vagner Ribeiro

Ao nascer, um bebê ainda não compreende e nem faz ideia de tudo o que vai aprender ao longo da vida. Nos primeiros meses de vida, se concentra a maior parte do aprendizado que ele vai ter em toda a sua vida, sem exageros. E nesse aprendizado, nem tudo precisa ser ensinado. Algumas ações, ele mesmo vai desenvolver conforme for crescendo, tais como rolar na cama, engatinhar, ficar em pé, dar os primeiros passinhos, mastigar, entre tantas outras. Por outro lado, existem algumas ações que ele vai aprender melhor através de uma orientação. Vou usar de exemplo o meu filho mais novo. Quando ele já demonstrava que conseguia ficar em pé, minha esposa começou a ensiná-lo a descer do sofá. Sempre que ele queria ir para o chão, ela o orientava como deveria fazer para que a atividade de descer do sofá fosse realizada da forma mais segura, que era virando de bruços e colocando as pernas para fora primeiro. E assim foi feito. Toda vez que necessário, ele era auxiliado. Com o passar das semanas, ele começou a repetir as ações e já havia aprendido a descer com segurança e velocidade.

Nesse momento, você já deve estar se perguntando o que meu filho descer do sofá tem a ver com a sua carreira. Eu usei isso para conseguir ilustrar, de forma análoga, o que penso sobre autonomia e direcionamento.

Ao longo de quase vinte anos de carreira, tive a oportunidade de participar de inúmeros projetos e equipes e, ao passar do tempo, as metodologias utilizadas nestes projetos foram mudando. Uma das principais diferenças entre estas metodologias, pelas suas características próprias, está na autonomia que hoje é oferecida aos membros de um time. Se antigamente era praticamente impossível sair dos trilhos, hoje em dia é desejado que você crie seu próprio meio de transporte para chegar no destino, mas sem deixar de atender o objetivo acordado. Ou seja, a autonomia no ambiente de trabalho permite que o time tenha mais liberdade para atuar. Isso aumenta a importância de buscar por capacitação em assuntos que estejam presentes no seu dia a dia. Mais capacitação, mais habilidade para atuar em frentes diferentes e, com isso, ter resultados melhores para o time e para a empresa. Isso contribui para o aumento da eficiência, uma vez que não é preciso recorrer ao líder para seguir em frente.

Outro aspecto que contribui para a cultura de maior autonomia dentro das empresas é a mudança do modelo de trabalho. Atualmente, a grande maioria trabalha de forma remota. A dificuldade de gerir equipes espalhadas veio ao encontro da necessidade de desenvolvimento da autonomia, presente nas metodologias ágeis utilizadas hoje em dia. Se engana quem acredita que o trabalho remoto favorece um relaxamento na realização das atividades. Ocorre justamente o contrário, uma vez que, ao receber o poder de executar as atividades no seu tempo (respeitando os acordos), da sua maneira (seguindo os padrões) e sem uma supervisão muito próxima, o time aumenta a sua responsabilidade com os seus próprios membros.

A maior desvantagem da autonomia é tentar aplicá-la em um ambiente que não está preparado. Lembra da história de criar seu próprio meio de transporte? Não podemos simplesmente colocar uma ideia na cabeça e seguir até o fim. Ter maturidade para diferenciar o que faz sentido do que não faz é uma das sacadas para que tudo funcione. Imagina se o meu filho, que citei no início, achar que pode descer de qualquer lugar, independente da altura, o acidente que poderia acontecer. O que pode ser feito para evitar que algo grave aconteça? A melhor coisa a ser feita nessa situação é dar o direcionamento necessário.

Ainda que uma equipe seja autogerenciável e tenha maturidade para desenvolver suas atividades e realizar as entregas, deve existir um limite na atuação. E esse limite é dado através de um líder ou alguém que tenha essa responsabilidade.

No caso de uma criança, seus pais são os líderes naturais. Lembra que minha esposa orientava meu filho para descer do sofá? Outro exemplo que posso dar sobre direcionamento é a minha chegada em meu mais recente desafio profissional. Ao conhecer a minha equipe e entender como eles atuavam, percebi que tínhamos enorme autonomia para realizar as tarefas do dia a dia. Atividades que, em outros lugares, eu precisava de autorização ou solicitar que alguém fizesse, agora estavam nas minhas mãos. Apesar disso, durante as primeiras semanas eu só fazia sob supervisão de um membro mais antigo. O direcionamento neste caso me ajudou a ter mais confiança no desempenho de uma atividade. Após alguns dias, comecei a me sentir mais confortável no desempenho de várias atividades.

A meu ver, a maior desvantagem do direcionamento é depender exclusivamente ou a maior parte do tempo dele. Se para realizar a maioria das atividades que você desempenha ainda exista dependência de uma orientação, há algo errado. Por mais que você se ocupe com outra atividade e não fique ocioso(a), certamente vai existir um fluxo aguardando a finalização daquela sua atividade que está parada. E um ponto precisa ser levado em consideração: é a sua empresa que deseja que você sempre aguarde orientações ou você que só se sente seguro atuando assim? Se a resposta for positiva para o segundo caso, você precisa repensar sobre isso.

Se há vantagens e desvantagens ao ter autonomia e direcionamento, o que fazer? Ter equilíbrio! Cada ser humano tem as suas características, mas se você está na área de tecnologia, entenda que o equilíbrio vai te ajudar muito. Precisamos ter em mente que a autonomia vai nos permitir ser muito mais ágeis nas nossas entregas, mas que não seguir direcionamentos pode comprometer tudo. Esperar ou depender de orientação para a maior parte da sua atuação certamente compromete o resultado do seu time. Precisamos saber mesclar.

Entendo que, para atividades diárias e recorrentes, é muito importante termos autonomia. Ter um processo mais fluido está diretamente ligado a ter mais entregas e melhor performance. E saber os limites de atuação e/ou os momentos de ter uma orientação de como seguir é o que vai garantir que a autonomia não tenha sinônimo de bagunça em seu time. E você, o que pensa sobre ter 100% de autonomia e decidir tudo sozinho? Ou seria melhor ser 100% direcionado? A polarização tende a não ser a melhor escolha e ter conhecimento sobre isso nos ajuda a encontrar a medida certa das responsabilidades que queremos ter.

Referências

- Não foram utilizadas referências externas

12. Apropriação do Contexto Geral

Verônica Antunes

Muito é comentado, hoje em dia, sobre a importância do profissional completo para o mercado de trabalho. Aquele que se envolve em questões além da sua área de atuação, que busca ampliar seu leque de conhecimento e agregar diferentes assuntos e vivências à execução dos seus projetos, fornecendo assim um valor mais amplo para o negócio.

Estas são características cada vez mais valorizadas pelas empresas e que geram destaque aos profissionais que se apropriam desta contextualização geral, diferenciando-se dos demais em questões como proatividade, adaptabilidade e senso de dono – também conhecido como ***ownership***.

Inclusive, estas características são apenas algumas das ***soft skills*** (habilidades não técnicas) que compõem o profissional moderno, e que por vezes são mais cobiçadas pelas empresas do que as habilidades técnicas em si.

São atributos individuais, voltados para o comportamento e, de certa forma, mais difíceis de serem desenvolvidos e desempenhados. Por este motivo, sua tamanha importância e valorização, dado que cada vez mais a boa experiência e o bom convívio são questões inegociáveis para as empresas.

Uma vez entendida a relevância da apropriação do contexto geral para um negócio, de que maneira isso se reflete no dia a dia do trabalho e do colaborador? Como esta característica agrega diretamente à qualidade do papel executado e por que investir nisto?

Para que estas questões sejam colocadas em prática, fatalmente será necessário o uso da criatividade, pois entende-se que todo o fluxo de trabalho, as propostas de soluções ofertadas, os planejamentos de entrega e o embasamento das tarefas serão construídos para além do técnico, pensados afora daquela necessidade primária, com uma visão de longo prazo e de benefícios intangíveis para a empresa e seus clientes.

Desta forma, com o exercício da inovação e criatividade, o profissional sairá da sua zona de conforto, sendo estimulado a explorar conhecimentos além das suas capacidades técnicas, a dar ideias "fora da caixa", e isso engrandece o trabalho do profissional que se dispõe a este tipo de atividade, deixando seus resultados com muito mais personalidade e diferenciação.

Além disso, apropriando-se do contexto geral, as soluções encontradas e trabalhadas pelo profissional tornam-se muito mais aderentes à visão estratégica do negócio em que atua, aumentando suas chances de assertividade e de aceitação do cliente desta solução - e, consequentemente, maior satisfação da empresa.

Estamos discorrendo bastante sobre o assunto do não técnico, mas preocupar-se com o contexto geral no dia a dia de trabalho também pode trazer benefícios para o processo técnico em si.

Isso porque, uma vez buscando entender sobre as outras técnicas envolvidas na solução além das que são de seu domínio, você exercita sua multidisciplinaridade (outra característica muito buscada pelas empresas atualmente), cria soluções de forma colaborativa com outros profissionais de outras áreas e garante que a solução dada está evitando desperdícios.

Este último ponto explica-se pelo fato de que, uma vez sendo discutida uma proposta com diferentes frentes de atuação, são esgotadas todas as possibilidades – ou a maioria delas - e entendidos todos os caminhos possíveis para se chegar ao resultado.

Além disso, processos podem ser simplificados através deste fluxo colaborativo, pois determinadas atividades podem ser executadas com muito mais domínio por áreas diferentes da sua e que conheçam mais do que está sendo proposto, facilitando e agilizando o processo de desenvolvimento da solução como um todo.

Toda esta gama de entendimento e envolvimento complementa o cenário do trabalho, tornando tudo mais objetivo, com propósito, mais bem planejado e com menos riscos.

Porém, é válido salientar alguns pontos para que a apropriação do contexto geral seja bem executada e não se torne, na verdade, um ofensor da qualidade do trabalho e da evolução do profissional, bem como do negócio.

Para entendermos o contexto geral de uma empresa, é necessário ter muito interesse sobre o mercado em que está inserido, manter uma rotina de estudos sobre a área de negócio, se envolver genuinamente nos assuntos gerais da empresa, a fim não só de entender sobre o mercado em si, mas também para compreender o porquê que você, profissional da empresa, está realizando o seu trabalho dia a dia.

Já se perguntou o motivo de você desenvolver uma solução? Qual impacto ela causa na vida das pessoas e da empresa? Qual o verdadeiro motivo de você acordar todos os dias e querer dar o seu melhor no trabalho? O que você busca conquistar fazendo o que faz?

Apropriar-se do contexto geral vai além de buscar melhor performance de trabalho. É dar motivo para aquela atividade que você realiza rotineiramente. É valorizar o tempo que você dedica, a formação que você possui e o conhecimento no qual você investiu.

E para isso, é necessário ter muita humildade, persistência e flexibilidade, pois uma vez entendido o contexto em que se está inserido, a verdade é que nunca um tema será totalmente dominado. Afinal de contas, a realidade de um negócio é extremamente volátil. São infinitos os fatores que influenciam uma empresa, seus resultados, seus objetivos, suas metas e direcionamentos. Desde as condições diretas até as mais indiretas.

Engana-se quem acredita que aquilo que sabe é a certeza irrefutável. É necessário ter um perfil colaborativo, estar aberto a diferentes opiniões, saber chegar a conclusões em conjunto e saber dividir tarefas.

Para uma apropriação do contexto geral efetiva, é imprescindível ouvir o que o outro tem a dizer. Não há a capacidade de entender o todo sem escutar e envolver o todo. Por este motivo, cuidado com as afirmações, com as abordagens e as tomadas de decisão.

Busque sempre envolver diferentes pontos de vista, a fim de garantir uma pluralidade de ideias e caminhos. Desta forma, mais contextos serão discutidos, mais cenários serão previstos e mais oportunidades serão exploradas e desenvolvidas.

Por fim, e não obstante, apropriar-se do contexto geral aumenta suas possibilidades de atuação e de plano de carreira, uma vez que você exerce o seu papel em um esquema de "funil invertido", iniciando por um contexto específico e ampliando para o contexto generalista, diversificando as possibilidades e a visão de implementações e evoluções para o negócio.

Isso faz com que você tenha cada vez mais contato com diferentes áreas de conhecimento e, consequentemente, oportunidades de atuação, uma vez que seu senso crítico e raciocínio lógico serão cada vez mais estimulados durante esse processo de abertura do funil em planejamentos das soluções, visões estratégicas da empresa, definições de projetos, entre outros momentos decisivos como estes.

Em suma, compreendemos que envolver-se em uma conjuntura ampla traz diversos benefícios tanto para o profissional, que é lapidado constantemente com diferentes assuntos e possibilidades; quanto para a empresa, que passa a oferecer soluções muito mais robustas e contextualizadas, de maior aderência à necessidade que se propõe a solucionar.

Referências

- HALF, Robert. As habilidades mais valorizadas no mercado de trabalho. Robert Half Talent Solutions, 2021. Disponível em: < https://www.roberthalf.com.br/blog/carreira/5-habilidades-mais-valorizadas-no-mercado-de-trabalho-rc#toc5>. Acesso em: 27 de abril de 2022.

13. Imersão no negócio

Luanna Oliveira

Abordaremos uma coletânea de boas práticas sobre imersão no negócio, para apoiar suas reflexões e oportunidade de experimentação e troca de informações com outras pessoas.

A imersão é uma forma de mergulhar num contexto rapidamente, é a porta de entrada para absorção de conhecimento, com o reflexo da prática de quem está naquela jornada, permitindo que as informações sejam transmitidas de forma mais intensa.

Fonte: https://gateware.com.br/wp-content/uploads/2021/06/gateware-gw-labs-ja-ouviu-falar-na-metodologia-lean-inception.png

Por que fazer uma imersão? O que precisa entender?

Toda iniciativa, seja inovadora ou melhoria, deve começar com um entendimento sobre o problema a ser resolvido, quais são os propósitos de negócio, os envolvidos naquele problema, limitações tecnológicas, processuais e/ou financeiras, qual contexto abrange e os impactos.

E é aí que a imersão auxilia a ter o foco no problema pois, através desse acompanhamento, é possível identificar o público-alvo, estágios do processo, *insights* para validar hipóteses e, principalmente, o entendimento daquele negócio, trazendo clareza aos processos praticados.

Aliada ao questionamento, a imersão é uma prática de compreensão dos sintomas e causa raiz do problema, que quase sempre não é conhecida.

Como aplicar?

Há diversas formas de se aplicar, seja isolada ou como parte de outra estratégia.

Na prática, verá exatamente isso. Processos completos, passando por etapas bem definidas dessas ferramentas, ou uma aplicabilidade mais rápida, para garantir o resultado e retirar incertezas do cotidiano.

Ao longo da sua jornada, conseguirá mesclar essas ferramentas e adaptar à sua necessidade, como se fosse sua própria imersão no que precisa descobrir do negócio. Esse processo é valoroso e a troca de experiências trará segurança para a decisão de qual abordagem utilizará naquele momento.

Citaremos algumas ferramentas que ilustram e conectam o que é uma imersão e que facilitarão a sua experimentação para qual abordagem é mais significativa naquele momento.

Design Thinking

Estratégia focada em **pessoas**, utilizando a colaboração e estruturação de pensamentos e processos, com características multidisciplinares, satisfazendo com soluções inovadoras.

Sendo dividida em:

Imersão, pois tem como objetivo a aproximação do contexto, desde o entendimento inicial do problema até a identificação das necessidades dos envolvidos e possíveis oportunidades para inovar em meio a processos e problemas.

Análise e Síntese são responsáveis por organizar todas as informações colhidas na imersão de forma lúdica e visual, identificando possíveis padrões que auxiliem na compreensão do problema e oportunidades de solução.

Ideação é o momento das novas ideias, exercitando-as com criatividade.

Prototipação, é o momento, de fato, de criar os protótipos que apoiarão na validação das ideias, se são de fato relevantes e válidas para aquele problema.

E, por fim, **Experimentação**, ou teste, onde as hipóteses prototipadas serão colocadas em prática até que gere resultado solucionando o problema.

Sendo sustentada em 2 pilares:

Empatia: capacidade de se colocar no lugar de outra pessoa. Na psicologia positiva, a empatia pode ser definida como a qualidade de sentir e compreender as perspectivas, emoções, ações e reações alheias. Assim é possível entender seu modo de pensar: suas dores, necessidades e escolhas.

Colaboração: trabalhar em equipe, pensando de modo coletivo. Colaborar é se comprometer com a possibilidade de produzir um resultado maior do que aquele que seria desenvolvido isoladamente.

De forma simples, traduzimos assim:

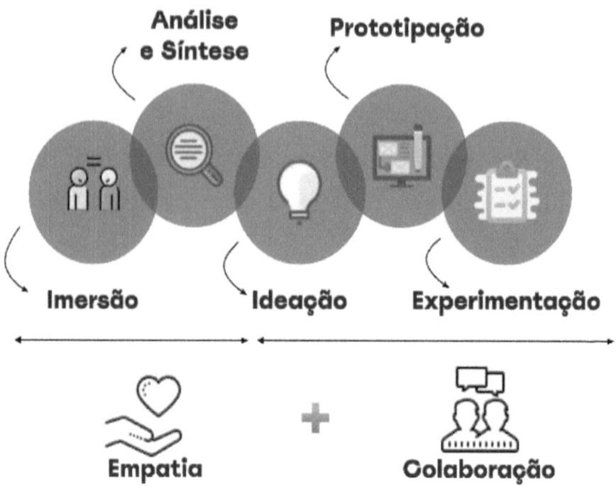

Fonte: autoria própria

Expandindo ainda mais a primeira fase, a imersão se divide em:

Preliminar: reenquadramento, entendimento inicial do problema, pesquisa exploratória.

Profundidade: identificação de necessidades e oportunidades que nortearão a elaboração de soluções, na fase de ideação.

3PS

Outra ferramenta importante que apoia a **imersão** é a de **3PS**: Pessoas, Processos e Posicionamento do Produto. Com essa abordagem, temos:

Pessoas - como o elemento mais importante para o sucesso ou não do negócio. Ali estão colaboradores, consumidores e parceiros, todos os envolvidos através de ações e metas.

Processos - como usar ferramentas para gerenciar uma visão sistêmica das atividades, seja no nível estratégico, tático ou operacional. (Veja novamente como se conecta a pessoas)

E, por fim, o **Posicionamento**, que é o onde se aplica a diferença para atrair audiência ao negócio, engajando e convertendo aquilo que foi construído em resultado, seja um serviço ou um produto de fato.

Lean Inception

Criada por Paulo Caroli, é uma ferramenta muito utilizada para criação de produtos digitais. Com objetivo de apoiar um grupo de pessoas para o reconhecimento do problema, de forma colaborativa, e trazer uma solução simples, rápida, de valor e incremental.

O início da *Lean Inception* se dá por um *Kick-off*, onde o principal acontecimento é que os participantes alinhem o objetivo para mergulharem no entendimento.

Na etapa de ***Brainstorming***, inicia-se o entendimento de como resolver o problema, criando um plano de entrega focado em um MVP (*minimum viable product*, ou menor produto viável) que, ao final, deve ser aprovado antes de se iniciar o desenvolvimento da solução.

5w2h

Outra ferramenta que apoia uma imersão no negócio, uma das mais populares, é a *5w2h*. É um método empírico que auxilia na coleta de informações necessárias (e suficientes) para gerar entendimento do contexto sem omitir fatos que são relevantes, de forma direta e simples, através de 7 perguntas.

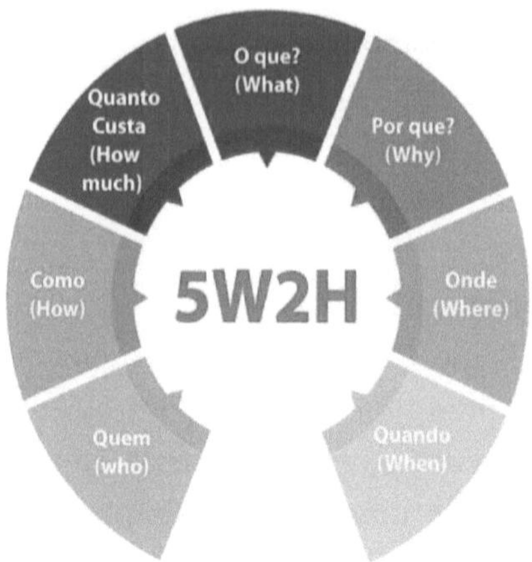

Fonte: https://www.planest.com.br/wp-content/uploads/2021/07/metodo-5W2H-980x551.jpg

- O que deve ser feito? Objetivos e metas.
- Por que deve ser implementado? Motivos e benefícios.
- Quem é o responsável pela ação?
- Quando deve ser implementado?
- Onde deve ser executado?
- Como deve ser implementado? Atividades e processo.
- Quanto vai custar a implementação?

E por último, **F4P**

Criado por David Anderson e Alexei Zheglov, o *Fit for Purpose* (F4P) mostra que todo produto possui três componentes distintos de definição:

- **Design**: etapa onde o produto é pensado e idealizado. Seu foco está no QUE o produto se propõe a ser.
- **Implementação**: etapa que desenvolve o que foi pensado na etapa de Design. Tem foco em COMO o produto será.
- **Entrega de serviço**: etapa que trata do consumo da solução. Tem foco na EXPERIÊNCIA que o cliente terá.

Os três componentes são pontos-chave para o atendimento do **propósito**.

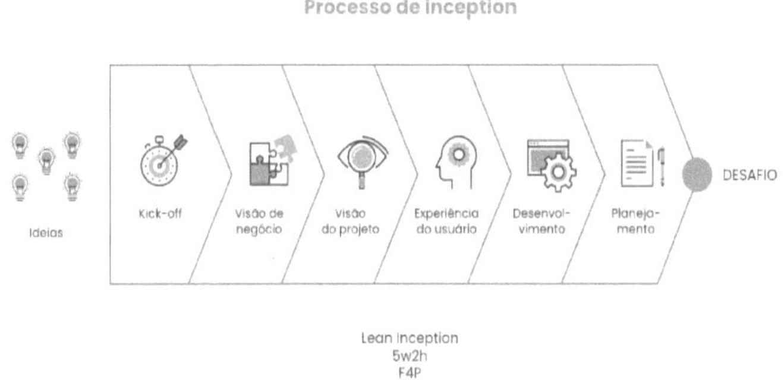

Fonte: autoria própria

Qual conclusão?

Com esse conjunto de ferramentas, que podem ser usados de acordo com sua necessidade de entendimento: o que é necessário para o negócio, o que se deve solucionar, qual o *time to market* (urgência) para o momento e, principalmente, a relevância de tudo isso para o contexto, vemos a aplicação da **Imersão no Negócio** sempre baseada em **Pessoas** e para **Pessoas** que têm necessidades reais de uma solução e, para traduzir isso de forma simples, sem interferir no entendimento, garantindo que haja uma sustentabilidade no fluxo é fundamental ter como aliadas a **empatia** e a **colaboração**.

Referências

- GateWare (http://gateware.com.br)
- PlanTest (http://www.plantest.com.br)

14. Qual o seu exemplo para o time

Vitor Cardoso

Quando falamos de exemplo, sempre achamos que somos um bom exemplo para todos, que somos totalmente íntegros com tudo o que falamos. Porém não é tão fácil ser um bom exemplo e, acredite, não somos tão íntegros assim.

Em um *workshop* que assisti, o facilitador perguntou para um dos participantes o quão íntegro e honesto ele era, em uma escala de 0 a 100%. Imediatamente, o participante falou 100%! Foi então que o facilitador começou a trazer algumas perguntas como:

- Você já assistiu algum filme pirata?
- Você já denunciou alguém da sua família ou amigo por assistir filme pirata?
- Os livros que consome são comprados ou baixados pela internet sem o devido crédito ao autor?
- Já "cortou" alguém pelo acostamento?
- Já fez algum tipo de "bandalha" enquanto estava dirigindo?

Em seguida, o facilitador perguntou novamente o percentual de integridade e honestidade e o participante falou que estava bom parar nos 70%.

Veja que muitas vezes parece simples, mas é ainda mais complicado, pois os exemplos acima são referentes aos exemplos conscientes, mas existem ainda os maus exemplos inconscientes, que realizamos achando que estamos dando um bom exemplo ou agilizando alguma coisa, porém existe uma mensagem subliminar de mau exemplo, que pode contaminar toda uma organização.

Vamos pegar alguns casos do dia a dia para tentar tangibilizar melhor esse cenário e poder ajudar a trazer mais consciência das atitudes e efeitos colaterais.

Responder o e-mail fora do horário de trabalho

Muitas vezes, isso ocorre pois não conseguimos ter tempo durante o dia para responder, e aí respondemos quando encontramos um tempo, para evitar o acúmulo de trabalho ou até mesmo para garantir que as pessoas terão as respostas, ou seja, motivo positivo.

Porém, hoje em dia, todos estão conectados o tempo todo. Ao responder esse e-mail, o receptor vai ver a mensagem e vai querer responder também ou até encaminhar para uma pessoa que não está copiada no e-mail, e aí começa o ciclo de tirar todo mundo do seu horário de descanso para fazer hora-extra, e isso se torna um hábito e, com o tempo, uma cultura, e passa a ser normal as pessoas mandarem e-mails a qualquer hora do dia ou da noite.

Mesmo sendo uma comunicação assíncrona, ou seja, que as pessoas não precisam responder na hora, ao receber um e-mail, passa-se a ter uma pendência, e todo mundo quer dormir bem, sem ter que pensar nas pendências, então é natural que queiram responder. A sugestão para esse caso é tão simples quanto responder todas as mensagens que quiser, porém não enviar nenhuma. Pode deixar no rascunho ou agendada e, no primeiro horário do dia seguinte, clique em enviar. Aí já começou a melhorar o exemplo, porém é um exemplo sem integridade, pois está cultivando que ninguém fique depois do horário e você acaba ficando para responder o e-mail. Para ser íntegro, o e-mail só deveria ser lido e respondido dentro da jornada de trabalho.

Como um exemplo tão simples como responder e-mail é complicado de gerenciar, né? Quer mais um exemplo? Então vamos lá.

Ajudar os outros

Mas como ajudar os outros pode ser um mau exemplo? Pois é, até atividades simples de ajudar os outros pode ter o mau exemplo.

Vamos pensar no cenário que alguém pediu uma ajuda para implementar uma função em um código. Como uma pessoa mais experiente, você pode entender a necessidade e implementar a função e resolver o problema. Vamos supor que, para essa atividade, você utilizou 30 minutos do seu tempo.

Agora se resolvesse ensinar a pessoa sobre como fez a implementação, quais foram as referências e dar uma explicada de todo o código para confirmar se a pessoa aprendeu ou não, possivelmente utilizaria muito mais tempo, cerca de 1 hora ou 2 horas.

E se fosse trazendo reflexões e questionamentos para a pessoa? E se ajudasse ela a resolver sozinha, explicando como fazer buscas mais efetivas, uso de palavras-chave, revisões e novas reflexões, possivelmente demoraria 2 ou 3 dias, ou quem sabe 1 semana para ter resultados similares.

E qual é a diferença entre os 3 exemplos acima? É o quanto utilizamos o nosso tempo para, de fato, gerar autonomia nas pessoas, e isso é muito importante! Ajudar as pessoas a não terem dependência requer muito mais tempo, porém vai ensinar uma vez e não terá mais com que se preocupar com isso.

É claro que isso deve ser sempre levado em consideração. Referente aos compromissos de entrega, nem sempre é possível ter esse tempo todo, porém é super comum dar a resposta para poder voltar logo às atividades que está fazendo. Conseguir analisar a situação e tomar as melhores atitudes, esse sim é um bom exemplo.

Vamos para mais um exemplo simples?

Realizar *feedback* e reconhecimentos

Quem não gosta de ser reconhecido? Quem gostaria de saber o que poderia melhorar para se tornar um profissional ainda melhor? Estamos o tempo todo querendo ser bons no que trabalhamos. Não digo nem em uma forma comparativa com outra pessoa, mas em nos aceitar em sermos bons profissionais e, para isso, precisamos saber constantemente se estamos indo bem ou não e o que precisamos melhorar.

Veja mais:
Mais detalhes sobre esse assunto no capítulo:
19 - Feedback interno e imediato

Mas se gostamos tanto de ter essas informações, será que realizamos esse mesmo tipo de informação? Ou seja, será que estamos dando *feedback* e reconhecimento para as pessoas? Quantas atitudes dessa você teve nos últimos 6 meses? E no último ano? Quanto mais *feedback* e reconhecimento der, possivelmente terá mais de volta. A regra não é 1 para 1, possivelmente vai ser 10 para 1 ou próximo disso no início, pois é um hábito que muita gente não tem, e criar isso requer constância, porém isso fortalece o princípio da reciprocidade.

Essas 2 atitudes, quando bem-feitas, são como se fossem um presente para a pessoa que recebeu e ela vai tentar te dar esse mesmo tipo de presente em algum momento.

Se for parar para pensar, tudo é feito de exemplo. Possivelmente, muitas das suas atitudes são aprendizados do seu convívio com família, amigos e do trabalho. Podemos ser repetidores, quando achamos que a atitude foi boa, ou ser incentivadores de novas atitudes, quando queremos quebrar determinado padrão. E nesse momento, é fundamental levar em consideração os seus valores, quais são as atitudes que você faz e que gostaria que o seu filho as repetisse? O exemplo que você dá para o seu filho tem que ser o mesmo exemplo que dá para todos, assim como o exemplo que você está dando para os outros, o seu filho aprenderá também. Então não pode ter 2 tipos de exemplos diferentes para a mesma situação, ela deve ser única e íntegra.

Para tentar me intensificar nas questões dos bons exemplos, sempre quando alguém conversa comigo e tenho uma sugestão para dar para a pessoa, eu reflito se realmente pratico aquela atitude. Quando não prático, normalmente penso em alguém que tenha prática e recomendo a pessoa a falar com a outra. Assim é uma forma de "penitência" de ter o conhecimento e não poder divulgar, por conta da minha quebra de integridade.

Isso me faz refletir e começar a colocar em prática para que, da próxima vez, possa compartilhar a informação. No meu caso funciona muito, pois não poder compartilhar uma informação é extremamente penoso para mim.

Por fim, trago a provocação que todas as pessoas são referências, assim como você leitor, com mais ou menos experiência em um assunto, porém com mais ou menos conhecimento em outros assuntos.

Quando você vira referência para alguém, essa pessoa dificilmente vai te avisar sobre isso. Ela simplesmente vai te observar e tentar repetir as suas boas atitudes. Então considere sempre que você é o exemplo para alguém, e isso não é algo que você pode negar. Pode até falar para a pessoa que você não é um bom exemplo, porém esse tipo de fala pode fortalecer ainda mais a visão de referência que tem de você, pois sabe discernir o que é bom e ruim. Não tem como lutar com isso, tente sempre ser o melhor exemplo possível, siga a dica de cima, seja o exemplo que quer que o seu filho siga.

Agora é mão na massa, refletir sobre as atitudes, pensar no que deve continuar fazendo, no que deve parar de fazer e o que deve começar a fazer. Pense no exemplo direto e nos exemplos indiretos, similar aos maus exemplos inconscientes que falei anteriormente.

Não se penalize, caso tenha algum deslize. Isso vai ocorrer sempre, é extremamente difícil ser 100% íntegro, porém é nosso dever sempre observar e, o que encontrar oportunidade de melhoria, colocar em prática o quanto antes.

Referências

- Não foram utilizadas referências externas

15. Identificando as suas referências

Alan Araujo

Ao longo da nossa vida, buscamos nos espelhar em pessoas para nossa própria evolução. Esse comportamento é da natureza humana e nos ajuda bastante a traçarmos nossos caminhos. Porém, encontrar essas referências nem sempre é uma tarefa fácil.

Durante o nosso crescimento, nosso comportamento e os valores individuais são condicionados pelo grupo que pertencemos (a família, o grupo de amigos etc.) e, desta forma, definimos nossas primeiras referências. Quando nossa definição de sucesso diverge do grupo a qual fazemos parte, identificar novas referências se torna essencial.

Antes de traçar uma rota, é muito importante ter definido aonde você quer chegar, e considero esse o maior desafio - ainda maior do que escolher uma referência. Apesar de parecer óbvio, é muito comum que as pessoas definam suas referências sem avaliar e ter claro para si mesmas aonde querem chegar. Buscam seguir o exemplo de pessoas "bem-sucedidas", mas nem sabem ao certo o que elas consideram de fato ser bem-sucedido.

Sem a definição clara dos seus objetivos, é possível que esteja investindo todo seu esforço em ideias sem fundamentos e andando em círculos, voltando sempre ao ponto de partida, mantendo próximo a zero a sua evolução efetiva e se sentindo frustrado.

Uma pergunta que aparece muitas vezes em processos seletivos para vagas de emprego, nos ajuda a refletir sobre alguns pontos e obter autoconhecimento, é:

- Onde você se vê daqui a um, cinco e dez anos?

A resposta para essa pergunta nos provoca reflexões sobre os lugares que desejamos alcançar na nossa vida pessoal e profissional, nos dá clareza dos caminhos que não nos identificamos, além de permitir reconhecer nossos limites e os desafios que precisarão ser superados. Esse é o ponto de partida para desenvolver um plano de ação com os passos claros e precisos, necessários para alcançar tal objetivo.

Uma vez que esteja claro quais objetivos deseja-se alcançar, a busca por pessoas de referência se desdobra naturalmente, pois ao olhar para os objetivos de curto, médio e longo prazo, encontraremos pessoas que já os alcançaram e isso servirá de norte para nossa própria caminhada.

Identificar boas referências nem sempre é uma tarefa simples, mas algumas dicas podem ajudar a encontrá-las e aproveitar o máximo desses exemplos:

1. **Encontre as suas referências.**

   Busque pessoas que já alcançaram objetivos similares ao que você almeja, seja no trabalho, círculo de amigos ou até em redes sociais. Observar o caminho que ela trilhou, quais cursos fez, quais *hardskills* e *softkills* precisou desenvolver, te ajudará a definir um *roadmap* de estudos assertivo.

2. **Aprenda com os erros.**

   Quando tentamos planejar tudo contando apenas com nossas experiências, sem qualquer referência, reduzimos bastante as chances de obtermos sucesso. Com certeza, pessoas que conquistaram o que você busca cometeram alguns erros, e extrair essas experiências trará uma economia de tempo para sua jornada, pois te auxiliará a evitar esses erros já conhecidos e, caso você erre (é certo que vai), já terá uma ideia de como contornar a situação.

3. **Se relacione.**

   Existem muitas pessoas bem-sucedidas dispostas a compartilhar suas experiências e fornecer orientações em forma de mentoria - que é uma excelente maneira de obter dicas e um direcionamento mais adequado ao seu momento profissional. Ter um bom *network* é um pilar fundamental para a construção de uma carreira de sucesso. Por isso, não tenha vergonha de buscar esses contatos e de se aproximar dessas pessoas que são referências para você.

Veja mais:
Mais detalhes sobre esse assunto no capítulo:
18 - Mentoria

4. **Seja realista.**

   Sonhe e seja otimista, mas não deixe de avaliar a viabilidade dos objetivos definidos. Espelhar-se em alguém que esteja em uma realidade muito distante do seu momento atual pode te trazer a sensação de que nunca irá alcançar tal posição. Portanto, encontrar referências mais acessíveis te trará pequenas conquistas com mais frequência, consequentemente te manterá motivado dando um passo por vez.

5. **Cuidado com as más referências.**

   É bem comum vermos pessoas contando histórias de sucesso nas redes sociais, buscando influenciar com "fórmulas mágicas" e resultados expressivos. Devemos verificar o quanto esses resultados são verdadeiros e ficar atentos às estratégias usadas para obtê-los, pois elas podem não ser coerentes com seus valores. Pior do que não ter uma referência, é ter uma referência ruim. É como estar realizando uma viagem para um lugar desconhecido sendo guiado por um GPS com defeito.

Construir uma carreira de sucesso pode não ser uma tarefa das mais simples, e ter pessoas para te inspirar e apoiar nessa jornada irá torná-la mais leve. Quando as coisas estiverem caminhando bem, mesmo sem perceber, nos tornaremos referência de outros, e vejo esse ciclo como algo fascinante.

Apoiar aos que estão buscando trilhar o mesmo caminho que você é uma ótima maneira de manifestar sua gratidão à vida por todos que cruzaram seu caminho e contribuíram para o seu sucesso.

Referências

- https://fredericoporto.com.br/em-quem-voce-se-espelha-quem-e-sua-referencia/
- https://www.infopedia.pt/apoio/artigos/$grupo-de-referencia

16. Liderança X Referência Técnica

Vitor Cardoso

É comum os desenvolvedores quererem assumir cargos de liderança para terem reconhecimento com o time e financeiramente, porém é importante ter claro o que se espera de um cargo de liderança e quais são as alternativas para ter o reconhecimento.

Quando falamos em liderança, e nesse caso vou me limitar apenas à liderança técnica, sem entrar no mérito de gestão de pessoas, isso quer dizer que passará a fazer um trabalho mais solitário, ou seja, as suas definições ou direcionamentos serão muito menos questionados pela equipe, tanto para o bem quanto para o mal. Logo, se a sua decisão não for a melhor, a chance de o time seguir o direcionamento sem questionamento é gigante.

O trabalho da liderança é essencialmente solitário. Sem muitos *feedbacks* ou questionamentos, passará a trabalhar sempre com a sua própria teoria, mesmo solicitando a opinião dos outros. Mesmo assim, é sempre importante solicitar constantemente a visão do time, mas faça isso antes de dar a sua visão, assim terá uma chance maior de ouvir de fato o que cada um pensa, evitando influenciar ou tendenciar. Por outro lado, se sempre que pedir a opinião dos outros e nunca levar em consideração, provavelmente as pessoas vão deixar de dar explicações mais detalhadas, pois vão achar que não é relevante para você.

Ao mesmo tempo, passa na cabeça de todo mundo que sempre possuem todas as informações e habilidades para tomar as melhores decisões, e aqui vem outra reflexão, pois uma vez que começar a atuar no papel de liderança, possivelmente vai passar a atuar em um nível mais superficial do contexto. Logo, o seu nível de conhecimento nesse ponto vai cair, pois vai acabar saindo do dia a dia das construções, e isso fará com que passe a ver o contexto com maior amplitude, mas com menos profundidade e, por esse fator, o seu nível de informação é completamente outro e as suas decisões também serão totalmente diferentes.

Outro aspecto que deve ser levado em consideração é que possivelmente deixará de trabalhar tanto com código, pois estará com a atribuição de ajudar outras pessoas. Isso não quer dizer que deixará de trabalhar totalmente, mas o volume vai diminuir com certeza, e com isso vem outro fator, pois quanto menos trabalhar com o código, menor será o seu nível de reciclagem de conhecimento. E se passou pela sua cabeça de pegar somente o código mais complexo para desenvolver, você deixará de desenvolver outras pessoas por conta do seu próprio desenvolvimento, o que fere diretamente o conceito de liderança, que deve servir as pessoas e não ficar no centro de tudo.

Veja que, nessa breve descrição, o quanto complicado é ser líder: passou a trabalhar com incertezas, diminuiu o volume de codificação, dificultou o processo de reciclagem e ainda teve que se preocupar com o desenvolvimento das pessoas de forma técnica. Porém, não estou falando que isso é ruim, estou falando apenas que é uma visão diferente e cheias de oportunidades onde, caso queira seguir nesse caminho, sem dúvidas vai te forçar a desenvolver outras habilidades, principalmente as de comunicação, para que consiga sempre passar a mensagem de forma clara e empática, para que sempre tenha a abertura e transparência necessária com o time.

Uma alternativa para isso é se tornar uma Referência Técnica para o time. Essa simples mudança é capaz de conectar muito mais com o dia a dia de desenvolvimento, do que querer assumir um papel de liderança, porém, nesse caso, é importante que a equipe te veja como uma referência técnica e não a liderança te denomine como uma, pois se for denominado, possivelmente terá o mesmo problema de falta de questionamento e possível distanciamento do time, pois basicamente você vai falar, mas a maioria das pessoas não vão questionar.

Por outro lado, não espere que a equipe te explicite como a referência técnica, pois isso vai acontecer muito pela observação das pessoas, mas você pode ajudar nessa etapa puxando algumas atividades para que as pessoas te reconheçam como referência técnica, como por exemplo:

- Puxar capítulos para debates técnicos;
- Ouvir opinião das outras pessoas do time e trazer questionamentos/reflexões;
- Compartilhar novidades tecnológicas da sua área de referência;
- Fomentar sempre a contribuição de todos os membros da equipe;
- Puxar as responsabilidades de decisões e se posicionar em momentos críticos para acalmar o time;
- Manter sempre uma comunicação aberta, leve e transparente;
- Oferecer e receber *feedbacks*.

Essas são algumas atividades que podem fazer recorrentemente para que a equipe te tenha como referência, e cabe a você ter o posicionamento para isso e não esperar que ninguém te avise. Aproveito inclusive o momento para trazer uma reflexão, caso queira seguir nessa linha: o quanto as pessoas da equipe pedem a sua opinião? Das atividades acima, quantas você já tem como prática? Será que você já não é uma referência técnica para o time?

Outro ponto que vale atenção também é que, em uma equipe, não precisa ter uma única referência técnica. Muito pelo contrário, várias pessoas podem ser, mas provavelmente em assuntos diferentes. Isso é muito interessante, pois permite que todos possam se aprofundar e apoiar o time em assuntos diferentes, logo podemos ter uma referência técnica de *front* e outra de *back*, ou quem sabe até mesmo dentro de cada uma delas, especializações de implementações com abordagens/tecnologias diferentes.

Em relação ao reconhecimento financeiro, acredito sempre que isso é reflexo do seu desenvolvimento, atitudes e responsabilidades. Caso entenda que esse conjunto de fatores não está equivalente com o que recebe, vale uma conversa com o seu líder para entender o que mais pode fazer para dar um próximo passo.

Para tentar ajudar mais nessa decisão de ser líder técnico ou referência técnica, criei a tabela abaixo para alinhar o que se espera de cada um desses papéis.

Liderança Técnica	**Referência Técnica**
Visão mais ampla do contexto	Visão ainda especializada do contexto
Menor possibilidade de continuar codificando	Permanência na codificação
Tendência a conhecimento mais amplo	Tendência a conhecimento mais profundo
Maior preocupação com desenvolvimento de pessoas	Preocupação e compartilhamento de boas práticas
Atribuição normalmente dada de forma hierárquica	Atribuição conquistada juntamente com o time (não hierárquico)
Menor possibilidade de ter o	Maior possibilidade de ter

direcionamento questionado	direcionamentos questionados, maior possibilidade de contribuição coletiva

Por último, mesmo que você esteja em uma fase que não quer ser líder, e acredita que também não está pronto para ser uma referência técnica, veja nesse capítulo como é difícil a atuação quando os desenvolvedores não questionam, e você é capaz de fazer um líder ou uma referência técnica melhores. Basta fornecer *feedback* e apoiar no desenvolvimento deles.

No final, estamos falando de equipe e cada um é responsável por fazer o ambiente de trabalho melhor. Se está tentando e não está tendo retorno, vale tentar de formas diferentes, trocar ideias com pessoas mais experientes, ter conversas francas e respeitosas e, se depois de tudo isso não conseguiu evoluir, pode ser interessante tentar isso em outro lugar, porém não tentar mudar nada e achar que tudo vai se acertar sozinho, pois isso também não vai acontecer. Se aproprie do seu ambiente de trabalho e faça ele ser cada vez melhor! Isso depende de todos, mas independente se todos fazem ou não, faça a sua parte, dê as suas contribuições.

Referências

- Não utilizado referências externas

17. A importância da confiança na liderança

Vitor Cardoso

Esse é um tema um pouco polêmico, devido às questões culturais que temos em nossa sociedade, e por conta de alguns estilos de liderança (os chefes) que utilizam modelos que não ajudam as pessoas a terem a confiança e a transparência com a liderança.

É muito comum o time entender que toda questão que é levada para a liderança está "escalando" o assunto necessariamente, porém isso não é uma verdade. Muito pelo contrário, levar um assunto para a liderança está permitindo que o líder possa apoiar na resolução da questão, ou simplesmente orientar de como pode tentar resolver.

Acrescentando a isso, não levar um assunto para a liderança, muitas vezes está omitindo uma informação que poderia ser imprescindível para um líder tomar uma atitude, como, por exemplo, uma oportunidade em um treinamento ou capacitação.

Para trazer um pouco para a realidade, vamos trabalhar com alguns exemplos que são mais comuns e delicados:

Exemplo 1: Seu amigo da equipe não está performando e você já tentou ajudar de todas as formas (*feedbacks*, trabalho em conjunto etc.), porém sem sucesso.

É comum imaginar que levar esse assunto para a liderança está "queimando", e isso não seria justo com ele. Por outro lado, ficar com ele na equipe trabalhando da mesma forma está prejudicando o time todo, o que também não é justo com os outros.

Hipótese 1: Não levar para o líder

Caso tome essa atitude, pode ser que as coisas não mudem e pode continuar tentando resolver essa questão de alguma forma, porém você está assumindo a responsabilidade da pessoa que não está afetando, pois se queremos um ambiente com transparência e confiança, e a liderança não fica sabendo, quando ocorrer alguma questão, a responsabilidade será de todos da equipe.

Hipótese 2: Não quero expor o colega, mas vou tentar resolver

Uma outra abordagem para isso é tentar levar para a liderança que você está precisando de ajuda para apoiar uma pessoa e não está sabendo como. Essa é uma boa alternativa para aumentar a sua versatilidade, sem expor ninguém, mas vai ser necessário querer investir tempo no desenvolvimento dessa *softskill* e ainda segurar as pontas do dia a dia até que algo comece a fazer efeito, pois pode acreditar que não será do dia para a noite e nem com uma única conversa que será resolvido.

Hipótese 3: Expor o colega para a liderança

Nesse caso, é importante conhecer bem a liderança, pois se for um "chefe tradicional" é possível que ele queira mandar a pessoa embora, mas vamos trabalhar no cenário que realmente possui um líder e que ele tenha foco em pessoas.

Relatando todas as suas tentativas e explicar o cenário que está acontecendo e a sua percepção de baixa produtividade, vai permitir que o líder converse com o colega e entenda o que está ocorrendo, ou seja, será que ele está passando por um momento difícil na vida particular? Será que ele possui esse tipo de conhecimento? Será que ele está desmotivado por alguma situação que ocorreu? Veja que podem ter centenas de motivadores, porém o líder pode conseguir conversar com a pessoa, entender o que está ocorrendo e definir um plano em conjunto, ponto que talvez até possa tentar fazer individualmente, porém essa é uma das responsabilidades da liderança. Logo, para esse tipo de atuação, a liderança vai ter uma autonomia maior do que a sua para as ações, principalmente as de capacitação.

Além disso, o líder vai entender que o motivo da sua procura foi para desenvolver o colega, o que é extremamente nobre. Com base nisso, o líder pode ir fazendo um trabalho conjunto com você de te ajudar a apoiar a pessoa e, nesse caso, teremos o líder e você atuando na evolução/desenvolvimento de uma pessoa, o que potencializa ainda mais.

Exemplo 2: Recebi *feedback* que não estou performando bem, estou me dedicando ao máximo, mas continuo recebendo o mesmo *feedback* e já não sei mais o que fazer. Adoro trabalhar na empresa e com a equipe e sair não faz parte dos meus planos.

OBS.: Não esqueça que um dia você pode ser o do exemplo 1 e no dia seguinte ser o do exemplo 2.

Hipótese 1: Tenta resolver sozinho

Sempre tentamos resolver sozinho, mas nesse caso o sozinho é pedindo constantemente *feedback* para as pessoas da equipe. Analisando se na sua vida pessoal está tudo bem (por mais que todo mundo imagine que consegue separar bem a vida pessoal do profissional, isso não tem como, somo um único individuo com as mesmas preocupações dentro da nossa cabeça. Podemos achar que desligamos um botão e ligamos o outro, porém o pensamento está lá, rondando o nosso cérebro), pode ser uma boa procurar um psicólogo (independente se está tudo bem ou não na vida, os psicólogos vão conversar e vão conseguir apoiar, todas as pessoas deveriam ter um psicólogo para apoiar, inclusive os próprios psicólogos), mas tentando fazer tudo sozinho, você não dará oportunidade para outras pessoas te ajudarem e, muitas vezes, essa ajuda pode ser com alguém vendo as questões de fora e por um outro ângulo de visão.

Hipótese 2: Desistir e procurar um outro emprego

Apesar de não fazer parte dos seus sonhos, como explicado no exemplo, isso pode ser uma alternativa, porém não quer dizer que vai resolver. Ir para uma empresa nova, ir para um ambiente totalmente desconhecido, que podem ter pessoas mais ou menos propostas a te ajudarem com os que já trabalham com você atualmente. Além disso, a decisão de abrir mão de uma empresa/time que você gosta, sem nem se permitir testar as outras hipóteses, está te privando de um possível crescimento. Se você está na empresa, foi porque fez por merecer para chegar lá, então procure testar todas as hipóteses antes de tomar uma decisão.

Hipótese 3: Pedir ajuda para o líder

Vou novamente descartar a possibilidade do seu líder ser um chefe e vou continuar trabalhando com o líder focado em pessoas.

Nesse caso, o líder vai procurar entender o que de fato está te levando a ter esse tipo de pensamento, vai tentar entender com as outras pessoas da equipe possíveis GAPs e como pode ajudar, com apoio, capacitação ou até realizando uma outra função dentro da mesma área, algo que conecte com o que mais gosta de fazer.

Repare que, nesse caso, o líder tem uma autonomia de fazer algumas mudanças relativamente simples que podem resolver todo um conjunto complexo de questões, pois uma das causas pode ser que você não esteja executando bem aquela função, mas uma outra pode ser executada com maestria. É papel da liderança sempre tentar aproveitar o que tem de melhor em cada pessoa.

Pegamos 2 exemplos diferentes, colocando você em situações diferentes para reflexão, e veja que muitas vezes estamos com uma questão para resolver que não temos a autonomia necessária para resolver da melhor forma. Enquanto a responsabilidade de apoiar nessas situações pode ser da liderança, muitas vezes o líder vai precisar da equipe, pois quando a atuação é feita em conjunto, os resultados são potencializados, porém tomar a decisão de não envolver o líder com receio que ele tome alguma atitude "inapropriada", é porque possivelmente o ambiente já está faltando confiança e transparência e, nesse caso, é fundamental ter uma conversa com o líder sobre o seu sentimento. Para esse cenário, uma boa abordagem é utilizar os princípios da comunicação não-violenta, ou seja, no lugar de fazer julgamentos, você vai falar efetivamente dos seus sentimentos.

Alguns exemplos que podem direcionar a questão de falta de transparência/confiança com a liderança:

- *"Olá líder, queria conversar com você pois, ultimamente, não tenho me sentindo muito confortável em trazer alguns pontos para conversa. Isso aconteceu algumas vezes e nada foi feito, me gerando o sentimento de angústia."*

- *"Olá líder, gostaria de arrumar alguma forma de me aproximar mais de você, tenho um sentimento de distanciamento e isso me traz medo/receio de compartilhar algumas angústias minhas com você."*

Isso é uma conversa difícil e, por isso, é importante saber como é o estilo de liderança do seu líder, se ele está realmente aberto a *feedbacks* e tem preocupação com o desenvolvimento das pessoas. Se tiver, pode ter certeza de que isso será o maior presente da vida dele, mas se é uma pessoa sem esse perfil, você poderá meter o dedo diretamente na ferida que muitas vezes o "chefe" pode tentar esconder.

Lembre-se que ambiente com confiança e transparência requer ações de todos e não somente de uma única pessoa, então tome as ações necessárias, independente se os outros estão tomando ou não, pois isso vai se tornar exemplo! Por outro lado, trago o contraponto de sempre ficar aberto e a respeitar o ponto de vista dos outros, ao mesmo tempo que todas as suas ações têm como objetivo fazer tudo melhorar, pode ter certeza de que as ações das outras pessoas tem o mesmo objetivo. Ignorar o ponto de vista dos outros e achar que está sempre certo não vai ajudar, o ideal é sempre conversar e chegar a uma decisão em conjunto, sempre explicando os seus motivadores e procurando ouvir os motivadores das outras pessoas, pois muitas vezes o ponto de vista vai mudar justamente nesse ponto dos motivadores.

Referências

- Não foram utilizadas referências externas

18. Mentoria

Vitor Cardoso

A mentoria é um processo intenso de passar o conhecimento e experiência de uma pessoa para outra. Essa é uma das práticas mais efetivas para acelerar desenvolvimento e que muitas empresas incentivam. Porém, muitas pessoas ficam com receio de fazer, pois normalmente não realizou como mentor ou como *mentee* (pessoa quem recebe a mentoria).

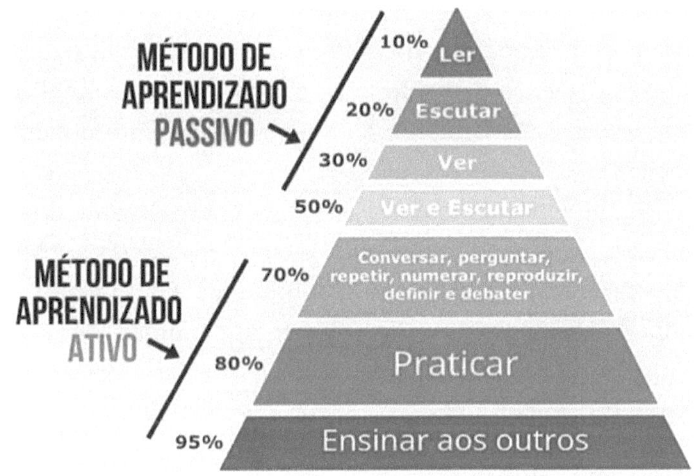

Fonte: https://eloseducacional.com/educacao/mentoria-uma-parceria-intencional-em-prol-da-qualificacao-profissional/

Repare na figura acima, que a melhor forma que temos de aprendizado é justamente nas conversas, perguntas. Depois evoluímos ainda mais com prática e ensinar para o outros, pontos que o mentor deve explorar do *mentee* para garantir que o conhecimento vai ser bem absorvido.

Para um processo de mentoria mais formal, é interessante seguir algumas boas práticas para que tenha a fluidez necessária.

- É importante que o interessado identifique quem é a pessoa que tem o conhecimento que deseja e realize o pedido de mentoria;

- Antes do mentor aceitar o pedido, é importante entender quais são as expectativas do *mentee*, o que ele quer ter de conhecimento e como acha que pode ajudar;

- Uma vez o pedido sendo aceito, é fundamental determinar a frequência dos encontros, preferencialmente já acordando dia, horário e duração da mentoria, como, por exemplo, realizar por 3 meses e, depois desse período, conversar para alinhar se vale renovar por mais 3 meses ou se o conhecimento obtido já foi suficiente;

- Anote todas as informações que achar relevante durante a conversa, isso vai ajudar nos próximos encontros para que sempre tenha um processo contínuo de crescimento. Tente sempre fazer a leitura dos comentários antes de iniciar a mentoria, assim terá um fluxo mais leve e vai otimizar muito o tempo de ambos, pois já estará contextualizado e com a memória atualizada dos últimos acontecimentos.

Um *mentee* pode ter vários mentores, mas é recomendável que eles tenham objetivos diferentes no desenvolvimento do *mentee*, pois podem ter visões conflitantes entre os mentores e isso pode bloquear a absorção de conhecimentos em alguns casos.

Uma outra forma de realizar a mentoria de forma mais informal são iniciativas que incentivam as pessoas mais *seniores* a apoiarem no crescimento de pessoas com menos conhecimento.

Implementei uma vez um projeto que chamei de "Coruja", e o motivador desse nome é pelo que representa a coruja. A coruja representa sabedoria, além disso quem nunca chamou uma mãe de coruja, pois fica de olho no filho e está pronta para atender qualquer necessidade?

Esse projeto consiste basicamente em analisar as características dos desenvolvedores *seniores*, ou seja, quais são as suas preferências (arquitetura, novas tecnologias, qualidade de código, inovação e etc.) e analisar também as necessidades das pessoas com menos experiência (essas necessidades não são o que o líder acha e sim o que a pessoa gostaria de se desenvolver, e só tem uma forma de saber isso, perguntando clara e diretamente para a pessoa) e, então, propor que o *senior* acompanhe e tenha a missão de desenvolver a pessoa com menos experiência.

Mas tem algumas dicas também para a Coruja (que seria o papel de mentor):

- Definir a frequência do encontro (periodicidade dos encontros e data prevista para término);

- As explicações devem ser suficientes para dar o fundamento, porém é importante incentivar que a Corujinha (*mentee*) seja incentivada a buscar o conteúdo na *internet*, livros etc.;

- Mais do que dar respostas, é importante que traga reflexões e questionamentos para a Corujinha ter uma outra visão sobre o cenário que estiver sendo discutido;

- No final de cada encontro, é recomendado sempre ter uma "tarefa de casa" para debate no próximo encontro;

- Uma sugestão é que a Coruja não seja da mesma equipe da Corujinha. Isso é importante para que ele seja agnóstico aos problemas e o dia a dia da Corujinha. Dessa forma, vai conseguir trazer muito mais reflexões;

- Se preocupe e acompanhe constantemente a motivação/engajamento da Corujinha.

Por sua vez, a Corujinha deve ter o comprometimento com o horário, frequência e com as missões que receber da Coruja, assim terá sempre um encontro de qualidade e o desenvolvimento será constante.

O projeto Coruja trabalha em 3 aspectos diferentes:

Para a Coruja (mentor): Desenvolve a capacidade de passar conhecimento, a empatia, a habilidade de relacionamento e a responsabilidade de desenvolver uma pessoa, pontos que nem sempre são trabalhados com as pessoas mais *seniores*;

Para a Corujinha (*mentee*): Potencializa o seu desenvolvimento técnico, acelerando o conhecimento e crescimento;

Para a Empresa: Além de ter 2 profissionais mais qualificados, essa prática ajuda a fazer pessoas de equipes diferentes entenderem as boas práticas de cada time e a conhecer com maior abrangência a empresa, viabilizando assim o compartilhamento dessas práticas e apoios pontuais em casos de crise.

Por fim, é normal os primeiros encontros, sendo da mentoria tradicional ou no modelo da Coruja, ter um grande receio de como vai ser o andamento da mentoria/coruja, por nunca ter feito/recebido antes. A dica para o primeiro encontro é se atualizar e contar brevemente a sua história e desafios (conte inclusive alguns casos de falha e o que aprendeu com ele) e, em seguida, peça para o *mentee* contar um pouco das experiências dele. Isso vai dar uma breve contextualização do histórico de cada um que deverá ser levado em consideração durante as conversas. Além disso, essa prática gera a aproximação necessária para que o próximo encontro fique mais leve e fluido.

Depois do 3º encontro, já não terá mais problema em relação a isso, porém é fundamental que mantenha a frequência, pois nem sempre o mentor e o *mentee* podem ter uma relação tão próxima (como sugerido no caso da Coruja, que são de times diferentes).

Outra questão é que todo mundo é apto para ser Coruja, independente se você é *júnior*/pleno/*senior*, pois mesmo tendo iniciado recentemente na carreira, pode ter alguma tecnologia/conhecimento/habilidade que tenha muita destreza e isso já te torna habilitado para passar isso para alguém, pois todas as pessoas sempre possuem conhecimento para ser compartilhado.

Agora é com você! Quer compartilhar conhecimento? Provoque as pessoas a procurarem um mentor. Quer obter conhecimento? Identifique quem são as pessoas que podem contribuir para o seu desenvolvimento e faça o convite para serem seus mentores.

Um dos arrependimentos que tenho durante a minha jornada é a frustração de ter trabalhado com tanta gente boa sentada do meu lado durante anos e nunca ter pedido para elas me ensinarem alguma coisa, sempre achando que observando já seria o suficiente. E depois que essas pessoas mudam da empresa (ou você muda de empresa), vem o arrependimento de ter uma pessoa cheia de conhecimento no assunto e não ter absorvido e, por conta disso, ter que estudar dobrado para conseguir obter um pouquinho daquele conhecimento que estava transbordando nas pessoas. Seja curioso! Pergunte para as pessoas, peça para elas te explicarem como funciona, tente vivenciar minimamente as atividades de outras pessoas, pois isso te dará uma experiência que pode ser um divisor de águas da sua vida. Uma ótima dica para aproveitar isso com intensidade é cobrir as férias dessas pessoas, mas fazer integralmente e não somente de forma superficial, tente vivenciar como se de fato fosse o seu papel e não de forma temporária.

Referências

- Não utilizado referências externas

19. Feedback interno e imediato

Vitor Cardoso

Vamos começar falando do que é o *feedback*, que é a principal ferramenta para nos ajudar a desenvolver e a ter uma percepção que não temos de nós mesmos. Mesmo os *feedbacks* mal feitos, que geram traumas, se for analisar friamente, e removendo os sentimentos e a forma de como foi realizada, o objetivo é de crescimento. Porém, quando mal feito, o efeito pode ser totalmente o oposto ao esperado, mas caso tenha tido experiências ruins com o *feedback*, não construa muros contra ele, pois pode ter certeza de que quem sairá perdendo será você.

Vamos começar falando da *Janela de Johari*, representada pela figura abaixo:

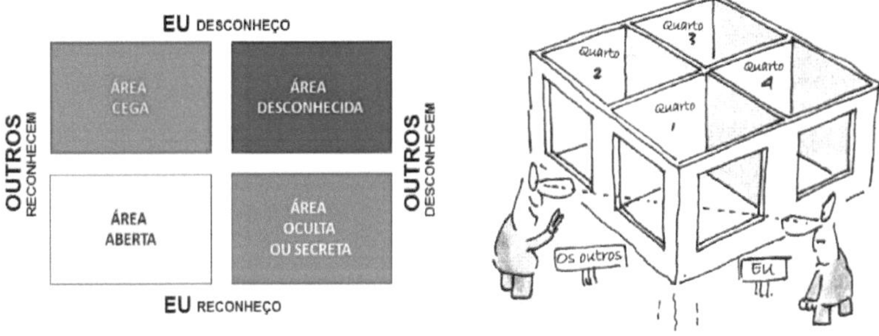

Fonte: https://jorgeaudy.com/2015/06/20/janela-de-johari/

Essa figura demonstra bem os quadrantes que representam uma pessoa que é composta:

Quarto 1 – Área aberta – O que conhecemos de nós e todo mundo também conhece

Quarto 2 – Área cega – O que não conhecemos, mas que os outros conhecem de nós. Ocorre muito quando alguém fala de algo que você é bom que você nem imagina que é, ou de determinado ponto que você acha que está arrasando e ainda tem o que melhorar.

Quarto 3 – Área desconhecida – É o que não conhecemos e nem ninguém conhece também.

Quarto 4 – Área oculta ou secreta – Que é o que conhecemos de nós mesmos e ninguém conhece.

É sempre bom nos conhecermos o máximo possível. Para isso, precisamos explorar o quarto 2 para termos mais informações sobre nós mesmo, e só conseguimos ter acesso ao quarto 2 contando com os *feedbacks* das pessoas.

Dada a importância do conhecimento, precisamos trabalhar na frequência e granularidade das informações, ou seja, *feedback* é algo que deveria ser constante e contínuo. Toda vez que deixamos acumular *feedbacks*, se torna mais difícil realizar e normalmente perde relevância, então não pode ser algo que deixe para fazer depois de 1 semana ou 1 mês ou 1 ano. A grande dica do *feedback* é que venha imediatamente ao ocorrido, para que tenha todo o contexto na cabeça e evite generalizações, podendo personificar a atitude no perfil da pessoa.

Ou seja, se viu alguém batendo a porta da geladeira para fechar, avise imediatamente que não se deve bater a porta da geladeira, pois isso pode danificar. Porém, se você vê que bateu a porta e não fala nada, possivelmente vai ficar observando isso outras vezes e, eventualmente, pode ser que a porta bata novamente, e aí que mora o perigo, pois quando for dar o *feedback*, possivelmente vai falar "*Você SEMPRE bate a porta da geladeira*".

Veja que uma atitude pontual, que pode até ter escorregado a porta da mão, virou um "SEMPRE" que caracteriza que ela só faz isso, enquanto são atitudes isoladas. Repare que para a pessoa que vai receber o *feedback*, tende a ser muito mais complicado entender esse tipo de cenário e possivelmente vai começar um a observar o outro para ver quem está deixando a porta bater mais vezes, virou uma disputa no lugar de uma construção.

Vale destacar ainda que os *feedbacks* devem ser dados em modo individual e não exatamente no momento que aconteceu com todo mundo olhando, mas imediatamente depois em um momento reservado. Além disso, prepare a pessoa para receber a informação, fale sobre a atitude que ocorreu e como você interpretou aquela atitude, tenha consciência que as pessoas estão sempre tentando fazer o melhor, julgar e criticar sem levar isso em consideração não vai facilitar a correta compreensão. Trazendo para a prática, pode utilizar as técnicas de comunicação não-violenta, ou seja, quando for dar o *feedback* para alguém, fale da reação em você e não julgue a pessoa. Por exemplo, "*Essa atitude/fala sua me gerou uma situação desconfortável, por conta dos seguintes detalhes...*" para o caso de alguém ter falado alguma coisa que te afetou diretamente, ou "*Acredito que a sua fala possa ser um pouco mais afirmativa, pois em mim gera um sentimento de propriedade do assunto que está sendo abordado*" para o caso de dar uma sugestão de melhoria na comunicação da pessoa.

É sempre bom destacar qual o efeito que gera em você, pois outra pessoa pode ter uma percepção completamente diferente da sua. Passando as suas percepções, deixará sempre a pessoa ciente do efeito causado.

Uma questão que é muito importante é referente aos reconhecimentos, ou seja, reconhecer também o que as pessoas em questão fazendo que te impactam positivamente.

No livro "*Preciso saber se estou indo bem!*", de Richard L. Williams, fala que funcionamos como um balde furado e que precisamos sempre ter água dentro do balde para trabalhar bem. Cada vez que recebemos um *feedback* malfeito, é um furo do balde que se abre e, na maioria dos casos, esses furos não se fecham mais, e o reconhecimento é a água que colocamos dentro desse balde. Ter esse equilíbrio é fundamental.

Outra boa prática é ir em busca dos *feedbacks*. Essa não deve ocorrer de forma imediata, sem que as pessoas se prepararem, conforme mencionado no livro "*TimeDev – Muito mais do que código*", de diversos autores:

1) Pergunte à pessoa se ela aceita dar e receber um *feedback*
2) Agende com antecedência (1 semana, aproximadamente) o *feedback* e sinalize a pessoa que está marcando com antecedência para que ela possa observar você nesse período e tentar lembrar de algum fato (não esqueça de fazer o mesmo com quem você vai dar o *feedback*)
3) Esteja preparado para ouvir o *feedback* sem querer justificar (se justifica, é porque está preocupado em "se defender" e não em "ouvir")
4) Você não é obrigado a acatar tudo que ouviu no *feedback*, mas se tem algo que recebeu e não concorda, tente chamar outras pessoas da equipe para o *feedback* e, durante o processo, pode fazer aquela pergunta efetiva.

   Por exemplo: Vamos supor que, no primeiro *feedback*, alguém falou que você tem problema com comunicação. Você pode não concordar com isso, mas se alguém falou, fique com esse indicativo na cabeça. No segundo *feedback*, pergunte "Você acha que me comunico bem? Ou tem algum ponto da minha comunicação que devo me preocupar?", faça isso com mais 2 ou 3 pessoas para ter uma conclusão mais clara sobre o ponto.
5) Por último, procure não se ofender com as palavras utilizadas pela pessoa, tente sempre interpretar a mensagem de forma construtiva e não como um ataque

pessoal. O interlocutor pode não ter muitas habilidades na comunicação, mas se ficou em dúvida com a clareza da mensagem, confirme o seu entendimento: "*Entendi que o ponto era........, correto?*"

Agora que sabe sobre a importância do *feedback*, do reconhecimento e de boas práticas para utilizá-lo, mãos à obra. Vamos dar e receber esse presente com frequência para poder melhorar a vida todos!

Fica o desafio para reconhecer minimamente 1 pessoa por mês, mas o desafio tem que ser completo, ou seja, não adianta somente falar que o trabalho foi legal e que foi diferenciado. O reconhecimento é potencializado quando explicamos o motivo daquele reconhecimento, como por exemplo: "*Parabéns, Fulano! Esse material que fez ficou incrível! Por conta dele, estou conseguindo economizar 1 hora do meu dia, pois não preciso mais ficar procurando a informação, ela está toda organizada e de fácil consulta. Esse trabalho foi de grande importância para mim e com certeza para toda a equipe.*"

Veja que o complemento tangibiliza o motivador e isso ajuda a direcionar as pessoas a seguirem nesse caminho. Se o reconhecimento parasse no "*... ficou incrível*", a pessoa não saberia ao certo o que fez, por mais que tenha conexão com o material, pode ser só a atitude de montar um material que pode ser legal, mas o material não ter ficado tão bom assim.

Boa sorte nos seus reconhecimentos e que tenha bons presentes de *feedback*.

Referências

- Preciso saber se estou indo bem! (Autor: Richard L. Williams)
- TimeDev – Muito mais do que código (Diversos Autores)

20. Reconhecimento Time X Individual

Murilo Souza

Todo mundo quer ser reconhecido pelo objetivo alcançado. Seja por si mesmo e com a sua própria equipe, muitos sempre focam no seu próprio caminho, sendo que uma ajuda de um time pode ajudar a empresa para um crescimento ainda maior.

As metas de reconhecimento do time e de reconhecimento pessoal podem ser usadas para ajudar os funcionários a reconhecerem as contribuições uns dos outros. O reconhecimento é uma estratégia comum de incentivo aos funcionários que, comprovadamente, aumenta a moral, a produtividade e o engajamento. As metas dos reconhecimentos devem ser específicas, mensuráveis e alcançáveis. Eles também devem refletir os valores e a cultura da empresa.

Fonte: https://blog.12min.com/br/reconhecimento-profissional/amp/?print=print

No final, quando o colaborador é reconhecido pelo seu gestor, ele é recompensado pelas suas realizações por seus pares, clientes ou pelo público em geral. Esse reconhecimento pode ser visto de muitas formas, como elogio verbal, gesto físico, bonificação e até mesmo uma promoção.

Os objetivos de uma equipe, na parte de reconhecimento pessoal, podem ser amplamente classificados como individuais ou em equipe. As metas individuais podem abranger objetivos como obter reconhecimento por desempenho superior, desenvolver habilidades pessoais de autopromoção ou desenvolver relacionamentos positivos com colegas e superiores.

As metas de formação de equipe podem procurar melhorar a coordenação, a comunicação e o trabalho em equipe para uma meta batida na empresa.

Existem vários desafios que uma equipe de reconhecimento de time pode enfrentar. Esses desafios podem incluir falta de coordenação ou comunicação, planejamento inadequado, resistência à mudança e opiniões divergentes. Para superar esses obstáculos, o líder da equipe pode precisar desenvolver um plano claro, estabelecer metas e objetivos claros e obter o apoio dos membros da equipe.

Fonte: https://br.freepik.com/vetores-premium/personagem-de-desenho-animado-com-o-conceito-de-trabalho-em-equipe_6331660.htm

Há uma série de estratégias que um time ou a pessoa podem adotar para atingir seus objetivos. Algumas das estratégias mais comuns incluem desenvolver perfis de desempenho individual e de equipe, divulgar informações e materiais da equipe, organizar reuniões e *workshops* de equipe e disponibilizar suporte à equipe, dar *feedbacks* positivos. Empregar essas estratégias pode ajudar o time ou a pessoa a atingirem seus objetivos com mais facilidade e eficácia.

Veja mais:
Mais detalhes sobre esse assunto no capítulo:
19 – Feedback interno e imediato

Portanto, ter um reconhecimento na empresa, seja time ou pessoal, é um ótimo indício de que ela confia nas entregas com os esforços que necessitou, que todos ajudam um ao outro, porém basta nos esforçarmos para atingirmos os nossos sonhos.

Referências

- https://noticiasconcursos.com.br/reconhecimento-da-equipe/
- https://blog.12min.com/br/reconhecimento-profissional/amp/?print=print
- https://blog.solides.com.br/reconhecimento-profissional/

21. Qual deve ser a mentalidade do Programador?

Rodrigo Duclerc

Ao responder a esta pergunta, muitos programadores dirão coisas similares. Claro, também haverá certas discordâncias. Isso varia da experiência de cada um. Tanto é assim, que não pretendo dar apenas a minha visão sobre o assunto, ela estará expressa aqui também, mas apresentar visões compartilhadas por grandes autores.

Por mais que a curiosidade pela experiência nos motive a colocar a mão na massa para obtermos rapidamente a nossa própria opinião, convido você a refletir como é importante buscarmos opiniões de pessoas mais experientes do que nós. Estudar muitas tecnologias é imprescindível, mas há aspectos fundamentais da nossa profissão que muitos desenvolvedores iniciantes não se atentam.

Antes de entrar mais a fundo, peço que imagine um tabuleiro de xadrez com suas peças. Se você não sabe as regras, não tem problema (mentira, tem sim, você é um programador!).

Este tabuleiro e suas peças são somente objetos e podem ser manipulados de qualquer maneira, caso não conheça as regras, resultando num jogo qualquer. Porém, uma vez que as regras entram na mentalidade dos jogadores, é que de fato estamos jogando xadrez.

O cavalo se movimentará em "L"; a torre, na horizontal e vertical; o bispo na diagonal, e por aí vai. Uma vez que temos estas limitações em mente, podemos vislumbrar o jogo. Mesmo assim, não basta saber apenas os movimentos das peças, pois agora é preciso pensar nas jogadas que serão feitas.

Se você estudar mais a fundo, verá que existem diversas jogadas catalogadas e muitas vezes você reconhecerá configurações no tabuleiro através de padrões. É identificando estes padrões no tabuleiro de xadrez que você utilizará essas jogadas ou criará as suas. Às vezes, será preciso antecipar algumas possibilidades. Outras vezes, terá que recuar uma peça ou sacrificar outra.

Acredito que já esteja entendendo aonde quero chegar.

Nossa profissão é composta por muitos paradigmas diferentes, como a orientação a objetos e a programação funcional, por exemplo. Cada um desses paradigmas irá impor disciplina no código à sua maneira. É com estas limitações que iremos trabalhar e é através delas que basearemos nossas soluções. Só que não são estas as únicas limitações que temos. Temos limitações técnicas, limitações temporais, limitações até mesmo em nosso conhecimento (talvez essas sejam as maiores!).

Por isso que vejo a importância de um livro como "*O Programador Pragmático*", escrito por Andrew Hung e David Thomas. Para além do aspecto puramente técnico, temos neste livro um apanhado muito interessante de dicas que podemos levar para nossas vidas como desenvolvedores e aplicar estes conhecimentos em qualquer linguagem, paradigma, tecnologia ou limitação que tivermos. O livro nos apresenta orientações práticas e fundamentais sobre qual deve ser a mentalidade que o programador deve ter (ou, ao menos, se nortear).

Devemos pensar em *Software* como um todo, não apenas como um amontoado de código. Afinal, "não somos pagos para escrever código, somos pagos para resolver problemas". Esta mentalidade envolve:

- Se responsabilizar pelo seu trabalho, em vez de apenas criar desculpas ou apontar culpados.
- Escrever *Software* que seja "bom o suficiente" e não perder tempo com coisas que não agreguem real valor ao produto.
- Não ignorar débitos técnicos.

O último ponto, mencionado acima, é explicado no livro com uma interessante analogia: a teoria da janela quebrada. Que, basicamente, atesta que basta uma única janela quebrada em um prédio antigo para que este rapidamente se deteriore, pois as pessoas na rua pensarão que está abandonado e poderão vandalizá-lo ainda mais ou começarem a usar o local para largar lixo. Você está lembrando de alguma janela quebrada em seu código?

Lembre-se, "é inútil escrever *software* a menos que você se preocupe em fazê-lo bem."

O mais legal aqui é a obviedade da afirmação acima. Ninguém, em sã consciência, diria que está escrevendo código ruim de propósito. Só que talvez você já tenha se deparado com aquele código da *feature* que você escreveu no mês passado, e que está realmente uma porcaria. Conserte esta janela! Se os outros não estão consertando, seja você o catalisador desta mudança!

Um outro conceito importante abordado no livro, é o da ortogonalidade. Duas coisas são ortogonais quando as mudanças em uma delas não afetam a outra. Sistemas ortogonais são fáceis de mudar, seus componentes são independentes e modulares. Pensar na ortogonalidade ao escrever código, pode tornar nosso sistema mais fácil de se trabalhar no futuro e prevenir *bugs*.

Aliás, *bugs* são uma constante e devemos olhar com muita atenção para eles e evitarmos "jeitinhos". O livro nos diz, portanto que "Programas mortos não contam mentiras". Isso significa que encerrar nosso programa, em caso de erro, é a melhor coisa que devemos fazer. Caso opte por dar prosseguimento, ignorando o erro, o sistema pode entrar num estado inconsistente e esta falha será muito mais difícil de ser encontrada depois. Lembre-se que todos os erros fornecem informações valiosas. Uma abordagem pragmática é olhar sempre para estes erros com a devida seriedade, pois algo muito ruim ocorreu.

"Ah, mas isso não vai acontecer nunca!", você pensou. "Essa variável jamais virá nula", "Este número jamais será negativo" ...

Isso tem um nome: Delusão.

Quando estiver pensando coisas assim, crie um código para verificar. Afinal, seu código vive em um mundo perigoso!

Claro, uma vez que o problema ocorreu, o sistema quebrou, aquela rotina complexa que funcionava perfeitamente parou, somos cobrados por isso. Aceitar e abraçar a responsabilidade que nos cabe é crucial. Evite reclamar que seu colega não fez tal coisa no código, ou que a infraestrutura é ruim, ou que não há tempo para fazer. Ofereça opções viáveis, discuta sobre elas, foque naquilo que é possível de se fazer para resolver o problema. Quando pensar em uma desculpa para dar, pare e reflita como a desculpa soará quando você a disser em voz alta. Antecipe mentalmente o que seu ou sua gerente responderá. Isso fortalecerá a percepção de seu profissionalismo por parte de seus colegas. E evitará algumas situações embaraçosas também. Sabe, aquela situação em que você dá uma desculpa e seu gerente dirá "Mas não era simplesmente fazer um "IF"?" e você se dá conta de que realmente era muito mais simples do que imaginou.

Veja mais:
Mais detalhes sobre esse assunto no capítulo:
14 - Qual o seu exemplo para o time?

Falando em responsabilidade, devemos frisar que o seu próprio crescimento profissional é de sua responsabilidade. Busque sempre cursos e palestras sobre assuntos que desconhece. Procure ler livros técnicos constantemente (e não técnicos também!). É incrível como a leitura nos permite aprimorar nossa própria expressividade ao nos comunicar. E isso é imprescindível para explicar coisas complicadas para pessoas leigas, uma habilidade que todos os desenvolvedores precisam trabalhar constantemente. Dessa forma, participe de eventos, siga profissionais renomados que você admire o trabalho. Cerque-se de conhecimentos e pessoas que possam te auxiliar a crescer profissionalmente. Não espere eternamente por aquele treinamento que a empresa, provavelmente, nunca te dará e se der será por mero acaso.

Aliás, falando em acaso, devemos mencionar a "programação baseada no acaso". Programar ao acaso significa que você escreverá um pouco de código, testará e o verá funcionar, então escreverá um pouco mais, e, mais uma vez, parece funcionar. Dessa maneira, passa-se um bom tempo e tudo parece ir bem, até que o programa para de funcionar do nada! Horas e horas *debugando* e ainda não é possível entender o que aconteceu. Como pode ser? Afinal os testes não apresentaram nenhuma falha, mas eram testes limitados. Como tudo estava indo bem, você deixou de se preocupar antes da hora. Todos nós, ou já passamos por isso ou vimos colegas passarem por situações como essa. É fácil confundir uma simples coincidência com um resultado correto.

Acidentes acontecem, certo? Acidentes de implementação também! As circunstâncias dos testes são sempre limitadas ao que podemos antecipar. Muitos *inputs* inválidos deixam sequer de passar por nossa cabeça quando estamos focados na lógica de uma *feature*. Então, seja crítico e sempre tenha em mente que algo pode não estar correto. "Se funcionar de primeira, é porque tem algo errado!", já dizia um antigo colega de trabalho meu. Sempre levei isso como um mantra.

Enfim, espero ter convencido você de que as dicas do livro *"O Programador Pragmático"* são essenciais para qualquer programador em qualquer nível de experiência. Além de nos prover estas dicas, também são sugeridos "protocolos" de comportamento e atitudes que um bom programador deve ter. E tudo se resume a quanto você se importa com o seu ofício. Fazê-lo bem-feito não significa apenas a intenção de fazer bem-feito, significa trabalhar dentro das limitações que temos em nossa área e mantendo a mentalidade correta ao construir *software*.

Assim como no jogo de xadrez, comentado no início do capítulo, o *software* de qualidade só acontece de fato quando estruturado adequadamente. E um bom profissional pensará sempre nos seus colegas de equipe, que devem compreender exatamente o que o código está expressando, assim como a arquitetura e tudo o mais.

Veja mais:
Mais detalhes sobre esse assunto no capítulo:
24 - Qualidade de código

Vamos consertar aquelas janelas quebradas? Bom jogo!

Referências

- O Programador Pragmático (Andrew Hung e David Thomas)

22. Código de Ego

Larissa Rodrigues

O Código de Ego não é só sobre um código que não está tão bom, porque o desenvolvedor não aceita sugestões ou porque ele se acha o Steve Wozniak e vai programar o código mais eficiente do planeta Terra. O capítulo é muito mais sobre atitudes que fazem o Código de Ego existir.

Neste exato momento, você deve estar se perguntando o que código de ego tem a ver com o seu dia a dia na sua equipe?

Vamos lá! Vou explicar nesse capítulo, com base nas minhas experiências, o que é código de ego e o quanto ele impacta no dia a dia de uma equipe, no produto ou projeto em construção e, até na sua carreira. Isso mesmo! Você leu certo. Isso também impacta diretamente na sua carreira.

E o que seria esse tal de código de ego? É um comportamento muito ruim, que pode afetar a equipe, o projeto, os prazos, por simplesmente "não querer dar o braço a torcer". Mas como assim? Como é um comportamento e não um código? Porque o código não se escreve sozinho, então quando se tem alguém que escreve o código e, por ego, prefere fazer tudo sozinho sem consultar à equipe, pode-se dizer que esse desenvolvedor vai acabar escrevendo um código de ego.

Centralização

Já trabalhou com alguém que tinha "ciúmes" do código que essa pessoa criou? Se sim, bate aqui! Isso é um dos primeiros sintomas da centralização e, consequentemente, do código de ego.

Quando você encontra alguém assim na sua equipe com esses "ciúmes", certamente você tem um desenvolvedor centralizador. Esse desenvolvedor, na cabeça dele, acha que detém o controle de todo o fluxo de desenvolvimento. Ele acha que se algo não passar por ele, as coisas vão desandar. E vão mesmo! Não porque ele está certo sobre a sua ideia, mas porque, de tanto ele centralizar as tarefas e informações nele, a passagem de conhecimento fica de lado.

Ao longo do capítulo, vou contar alguns acontecimentos que, infelizmente, presenciei nas equipes que fiz parte.

No início da minha carreira como desenvolvedora de *software*, quando eu ainda era *Trainee*, fiquei numa equipe de, pelo que eu me lembre, cinco pessoas. Todas essas pessoas eram inexperientes na área, exceto uma. Essa pessoa que tinha mais experiência, em algum momento, teve uma atitude um pouco incoerente, a meu ver.

Em um momento, depois que o time separou as tarefas do projeto que nos foi passado, essa pessoa simplesmente fez todas as tarefas que havíamos separado e o resto do time ficou sem ter o que fazer. Eu, com toda a minha paciência e sem entender o motivo dessa pessoa ter feito isso, perguntei o que a motivou a tomar essa decisão. A resposta foi: "Eu não consigo ficar parado, é uma coisa simples e eu sei fazer isso em segundos!". Naquele momento, eu entendi que o problema era o ego dessa pessoa.

Outro acontecimento foi quando eu já tinha um pouco mais de experiência. Nesse caso, trabalhei diretamente com um líder técnico, no qual só havia eu para desenvolver as *features* e *bugs* do sistema. Olha só o problema! Uma equipe de uma pessoa que tinha um líder. Sabe que isso não daria muito certo, né? Pois é! E não deu mesmo.

E te digo o motivo de não ter dado certo. O motivo é muito simples: Não havia uma passagem de conhecimento e nem de informações sobre o projeto. Para você ter uma ideia, não tinha nem um *Kanban* para eu poder me guiar, tudo o que precisava ser feito e o que era o sistema estava na cabeça desse líder. Com isso, as coisas começaram a atrasar, porque como ele estava numa posição de liderança, ele precisava participar de várias reuniões ao longo do dia e eu não conseguia trocar uma ideia para poder alinhar o que deveria ser feito. Logo as coisas começaram a atrasar mais e mais, e cada vez mais tive certeza de que centralizar não é o correto a se fazer.

O ego

Já se deparou com o desenvolvedor que não aceita sugestões? Nessa minha análise para escrever sobre esse tema, pude identificar que o Código de Ego e a centralização, também estão presentes no profissional que não aceita sugestões. Nesse momento, você deve estar se perguntando se isso realmente faz sentido e pensando: "Mas Larissa, às vezes uma sugestão não faz sentido em um determinado contexto." Corretíssimo, querido leitor, você está certo no seu pensamento! Mas o que eu quero dizer com isso, é sobre aquele desenvolvedor ou desenvolvedora que nunca aceita sugestões no seu código, que, para ele, você está criticando a obra de arte que ele esculpiu dentro do código, que não há motivos para melhorar, porque, em sua concepção, já está perfeito.

E qual é o problema nisso? Todo! Porque, às vezes, o código está muito complexo, muito acoplado, ou poderia ser menor, mais legível. E quando isso acontece, esse desenvolvedor acaba se tornando inacessível, uma pessoa onde a equipe se sente inferior a ele, como se a equipe não tivesse voz, sabe? E com isso, a equipe se sente insegura, todo o trabalho fica meio que parado, porque esse desenvolvedor não aceita uma outra visão, e o produto ou projeto, mais uma vez, atrasa e é impactado por atitudes que não fazem o menor sentido em um time de desenvolvimento.

Competitividade tóxica

Infelizmente, muitas pessoas transformam o que era para ser um ambiente de ideias em uma competição imaginária e tóxica. Quando digo isso, estou me referindo a aspectos comportamentais em um time, onde adoece as pessoas ao redor e as enfraquece.

Nesse caso, querido leitor, venho fazer um apelo para que você observe ao seu redor se você está se colocando numa posição de competitividade ou está, infelizmente, inserido nessa competição imaginária.

É sabido que existe competitividade no ambiente de trabalho e isso é constantemente falado em uma rede social voltada à trabalho. Mas o que se dá a partir disso? O que gera essa competição? Eu não vou falar: "Simples!". Muito pelo contrário, isso é um assunto muito complexo, profundo e cultural. Isso se vem da ideia (que, na minha visão, é bem utópica) da Meritocracia. Não venho aqui para falar de política ou assuntos relacionados a algum tipo de ideologia, longe de mim! Mas a ideia da Meritocracia é passada de uma maneira muito errada!

Quando você não domina um determinado assunto, você passa uma informação errada e gera uma opinião errada nas pessoas. E é isso o que acontece quando você fala para as outras pessoas que, para você crescer e ficar rico, você tem que merecer, mas não especifica o que exatamente tem que se fazer para merecer a conquista. E quando você não especifica, gera uma interpretação errada por parte de quem recebeu a ideia e, com isso, a pessoa entra no modo competição.

Mas o que isso tem a ver com código e desenvolvimento? Isso tem tudo a ver, gente! Isso acontece muito em qualquer ambiente de trabalho e, consequentemente, na nossa área também. É muito mais comum do que você imagina!

Infelizmente, tem muito profissional que age dessa forma, que vai querer passar por cima de você para se destacar, mas não porque essa pessoa é maldosa, mas porque ele simplesmente recebeu uma ideia errada e está sendo tóxico com seus colegas. E o problema disso tudo, é que não só vai atrasar projeto, produto, mas quem tiver ao redor dessa pessoa, vai adoecer! E muita das vezes, essa mesma pessoa é um gestor, uma pessoa que está numa posição de influência e você não vai saber como lidar. Então ao menor sinal de competitividade tóxica ou qualquer comportamento tóxico por parte de um colega ou superior, reporte a atitude dele.

O poder do não

Sabia que você pode ter mais resultado fazendo menos? Pois é! Você pode! Parece maluquice minha falar que você pode fazer menos e ter mais produtividade, mas não é! Lembrando que fazer menos não é simplesmente não fazer nada e esperar resultados, ok?

O que eu quero passar é que você não precisa, como diz o ditado: "agarrar o mundo com as pernas". O Código de Ego é decorrente também do desenvolvedor que não sabe dizer "não". E isso já aconteceu bastante comigo! Antigamente, eu trabalhava muito com estimativa de horas em tarefas e eu sempre colocava horas baixas e afirmava que dava conta, que não tinha problema. E aí, eu via as horas passando, via o tempo se esgotando e nada de concluir a tarefa, atrasando todo o desenvolvimento. Eu acabava me sentindo incapaz no final do dia. Mas por quê? Porque eu achava que, se eu dissesse que não iria conseguir realizar a tarefa em duas horas, eu não era uma boa desenvolvedora. Eu queria provar para o time que eu era capaz de realizar uma tarefa complexa em um curto espaço de tempo.

Isso é erro muito comum em quem está começando, mas pode acontecer com os mais experientes também.

Como diz o Greg McKeown, no livro "*Essencialismo*": "O 'não' certo dito na hora certa pode mudar o rumo da História". Requer coragem dizer "não", requer coragem sinalizar que você está enfrentando dificuldades em uma determinada tarefa. E depois que eu tive consciência de que eu posso falar "não", sinalizar que eu não posso dar conta de tudo, ao mesmo tempo, eu percebo que consigo dar conta daquilo que é necessário no momento. Então para isso, é necessário ter humildade de entender que você não é uma máquina, que você pode errar e dizer "não".

Ao entender esse princípio, seu trabalho vai ficar mais leve, você vai ser mais requisitado. Seu time vai saber seus limites e vai te ajudar para que você consiga avançar nos objetivos da *Sprint* durante o desenvolvimento e você vai se sentir mais seguro com o passar do tempo.

Consequências

Creio que citei muitos exemplos ao longo do capítulo, mas quais são as reais consequências do Código de Ego? São as mais diversas possíveis!

As consequências são: possíveis gestores, líderes e desenvolvedores centralizadores, time com síndrome do impostor, produto, projeto e prazos atrasados, time sobrecarregado, entre outros...

O pior de tudo é quando você tem um gestor centralizador, porque a consequência disso é bem maior e mais problemática.

É muito complicado ter que lidar com um gestor desse perfil centralizador e egocêntrico, muito mais difícil até do que ter um *dev* que tenha esse comportamento. Uma das principais consequências é o produto não ser entregue com qualidade, porque ele prioriza tudo e no final nada é prioridade. É um gestor que normalmente não se preocupa com qualidade de vida do time e foca só nos prazos, que geralmente são prazos super irreais.

Viu como isso encaixa com os temas que eu trouxe aqui dentro do capítulo? Geralmente esse perfil de gestão vem acompanhado da necessidade de dizer "Sim" o tempo inteiro e não alinhar as expectativas com o cliente sobre o esforço do time. Mas por que isso? Porque ele tem a necessidade de centralizar tudo nele, de tomar as decisões sem consultar o time antes, porque, na visão dele, tudo está no controle se ele estiver a par de tudo, e já vimos que isso não é legal, né?

O maior problema que eu vejo nisso tudo, é a equipe que fica com a moral baixa, mais insegura e com medo de sinalizar que algo está errado. Isso é um dos motivos de muitos desenvolvedores pedirem demissão dos seus empregos, porque não aguentam mais lidar com pessoas que tenham esse comportamento. E, com isso, sempre vamos ter um *gap* de profissionais na área de T.I., e algumas equipes com alta rotatividade por não conseguirem lidar com esse gestor e/ou desenvolvedor.

Outra consequência que eu vejo, é a qualidade do código sendo comprometida. Geralmente o código se compromete quando esse desenvolvedor centralizador sai da empresa, o que resulta na retenção de conhecimento em uma só pessoa e quem vier depois não vai entender nada do que foi escrito ali. Por isso, é fundamental aceitar sugestões e passar o conhecimento para os demais do time. Ou quando a empresa quer demitir o funcionário, mas não consegue porque ele reteve tanto conhecimento que ficar sem ele vai gerar um custo e um problema muito maior do que muitas vezes manter ele.

E por último, a pior consequência de todas: O prazo sendo comprometido! O prazo certamente vai estourar com uma gestão centralizadora ou um desenvolvedor egocêntrico. Certamente você vai precisar ter muita paciência com o time e com o seu gestor para contornar a situação, mas tenha persistência que, com calma e muita comunicação, as coisas se resolvem!

E agora? O que eu faço?

Agora que você já passou por todas as etapas do Código de Ego, o que fazer para evitar esse tipo de comportamento e suas consequências? Como lidar com pessoas assim?

Se sua empresa tiver uma cultura de *feedback*, hierarquia horizontal, o ideal é você reportar a situação. É fundamental que você converse com alguém que você confia. Mas se você não confia em ninguém, aproveite as retrospectivas (se seu time seguir o modelo ágil) para sinalizar que tal atitude está comprometendo as entregas, que você e o time, se for o caso, estão se sentindo mal com a situação.

Se sua empresa não tiver uma cultura legal e seu time não seguir o modelo ágil, eu tentaria conversar com o time, perguntaria aos demais se eles estão de acordo com as atitudes do membro do time e tentaria conversar com quem tivesse essa atitude, até para que ela tenha consciência do que está acontecendo. Mas se sua empresa não for acolhedora e seu time não for um dos mais unidos, meu conselho final é: caia fora!

Não fique com medo de estar saindo de um lugar onde você não tem espaço. Lembra quando eu falei, lá no início do capítulo, que isso impactaria sua carreira? Então, quando você não tem espaço em um lugar e esse lugar não é acolhedor com você, além de você estar adoecendo, você está prejudicando sua carreira, aceitando atitudes que não agregam em nada na sua vida e no seu trabalho.

Como desenvolvedora, acredito que temos que ter humildade ao escrever nosso código e ter uma visão sempre crítica de que eu posso melhorar cada vez mais, que meu time está comigo, que eu vou conseguir "chegar do outro lado" se eu aceitar sugestões e entender que, no meu código, sempre vai ter uma parte que é preciso melhorar.

Afinal de contas, nossa área muda constantemente e um desenvolvedor que não tem essa capacidade de enxergar que há sempre o que melhorar, infelizmente, vai ficar para trás.

Espero que vocês tenham curtido sobre o tema e que eu tenha me expressado de maneira clara e concisa. Meu intuito aqui é ajudar a todos e passar um pouco da minha visão nesses quase três anos de experiência como desenvolvedora e cinco anos na área de T.I como um todo.

Referências

- Não utilizado referências externas

23. Desenvolvimento voltado para novos integrantes

Larissa Rodrigues

Todo mundo já foi novato em algum lugar e se sentiu meio perdido ao longo do processo, e eu sempre pensei "e se eu tivesse um manual do que eu posso fazer pra me sentir menos perdido?", e daí veio a ideia do que poderíamos fazer como time para que o novo integrante se sentisse pertencente nesse momento que é tão novo e cheio de inseguranças.

As pessoas querem se sentir pertencentes e esse sentimento de pertencimento muda muito nossa forma de trabalhar e a maneira como vemos nossos colegas diariamente. É pensar que nosso dia possui 24 horas e, dentre essas horas, pelo menos de 8 a 10 horas no dia, nós passamos com as pessoas do nosso trabalho, se somarmos o tempo que passamos com nossos colegas de trabalho.

Então, como podemos tornar esse ambiente agradável? Como podemos fazer uma pessoa que está chegando agora, se sentir em casa e confortável com outras pessoas que ela nunca viu na vida? E que vai conviver diariamente?

Recepção

A recepção do time com o novo integrante vai conseguir falar muito sobre como será a jornada dele dentro do time e como ele se sentirá para se comunicar e expressar sua verdade. Ele vai pensar diversas coisas como "Eu vou conseguir me encaixar?", "As pessoas vão gostar de mim?", "E se eu não conseguir aprender de maneira rápida?", e será primordial a recepção para que ele consiga se sentir confortável, e veja e entenda que ele está num ambiente seguro com pessoas que estão dispostas a ajudar ele, e que, independentemente de conhecimento e/ou papel, todos estão ali para o mesmo objetivo, que é fazer dar certo e se ajudarem ao final do dia.

Podemos pensar em dinâmicas para que todos se conheçam e quebrem o gelo, visto que, não é porque trabalhamos todos juntos e todos os dias, que conhecemos nosso outro colega e sua vida pessoal a fundo. Uma dinâmica para melhorar as relações sociais do time entre si é sempre bem-vinda e, melhor ainda, para incluir o novo integrante, mostrando quem são as pessoas do time, seus papéis e em como ele irá se encaixar dentro dessa engrenagem que já está rodando.

Documentação

Além da boa recepção do time à chegada do novo integrante, seria interessante os times terem uma documentação de boas-vindas, onde o novo integrante poderia ir se ambientando de maneira mais autônoma e independente.

A ideia seria a criação de uma página de boas-vindas que poderia conter o nome do time, o que ele faz e por que ele faz. Isso seria interessante para que, no primeiro momento, o novo integrante soubesse os valores do time e qual a motivação diária, e gerar sentimento de pertencimento a partir da perspectiva de compartilhar os mesmos ideais.

Como todo bom desenvolvedor, o integrante novo chegará com muitas perguntas sobre as tecnologias utilizadas, onde arrumar permissões e com quem conseguir, quais são as ferramentas utilizadas e, se nessas ferramentas, existe a necessidade de permissão de acesso, além de informações sobre quais são suas respectivas versões e quanto melhor for a descrição, melhor ele conseguirá entender tudo.

Seguindo ainda na linha das tecnologias e ferramentas, algumas dúvidas podem surgir em relação a repositórios e ao código de maneira direta. Então, que tal deixarmos descrito quais são os repositórios e os *links*? E se for um time que existe um sistema legado, o ideal seria o novo integrante ter informações sobre o legado e como ele se interliga com o novo sistema.

Outro bom tópico que poderia ser adicionado é um voltado para as pessoas, afinal de contas não tem como um time ser criado se não houver pessoas nele e que deem vida a ele.

A ideia principal deste tópico seria ter um local onde o novo integrante pudesse ver os nomes dos integrantes já existentes e seus respectivos papéis, e, em caso de dúvida ali naquelas primeiras semanas, ele poderia consultar a documentação e saberia quem ele poderia procurar e não ficaria tão perdido ou preso a uma cerimônia para descobrir com quem falar.

E falando nas cerimônias, por que não falarmos delas também? Deixando informado quais são nossas principais cerimônias, seus objetivos e, em alguns casos, como na *Daily*, quais são os horários que são realizadas para que possa haver toda uma organização para participar.

No seu time existe algum tipo de treinamento que foi feito para ambientar o time sobre a plataforma a ser utilizada? Qual a melhor maneira de utilizar uma ferramenta? Qual a ideia central do projeto que está sendo desenvolvido? Que tal colocar um *link* para isso? E deixar claro para o novo integrante do quanto é importante que ele veja esses treinamentos e, se houver qualquer dúvida, se disponibilize para ajudar ele.

Pair Programming

O famoso *Pair Programming* (programação em pares) é uma técnica de desenvolvimento que vem sendo bastante utilizada por programadores pelo mundo, com o intuito de agilizar o desenvolvimento no dia a dia.

Mas o que isso significa na prática? *It's a good question* (é uma boa pergunta)! Muitas pessoas não sabem como funciona o *pair programming* na prática e, muitas vezes, até tem um certo preconceito com essa técnica, que, a meu ver, é bastante vantajosa no dia a dia de trabalho.

Desde que comecei na área de desenvolvimento, sempre fiz *pair programming* sem saber que era chamado de *pair programming*. Sabe quando você está travado em um *bug*, tarefa ou qualquer coisa que estiver mexendo, e você pede uma ajudinha ao seu amigo para olhar o código e ver o que pode estar dando errado? Então, isso é *pair programming*! O *pair programming* não precisa ser agendado e nem de muita cerimônia para isso. Basta você programar junto com alguém qualquer hora do dia, você está fazendo um *pair*!

E quais são as vantagens de adotar o *pair programming* na sua equipe? A resposta é: Muitas! Além de você conseguir assegurar que o código que está subindo é um código seguro, você também está olhando para qualidade de código e tendo vários pontos de vista diferentes.

E por que você foca na qualidade de código fazendo *pair*? Porque você mantém o foco na atividade. Estudos apontam que o programar em par resulta em 15% menos erros do que programar sozinho. Digo isso porque muitos programadores acabam se perdendo em pensamentos quando estão sozinhos e completamente cansados, tentando resolver um *bug* ou realizando alguma tarefa muito complexa.

Se você ainda não estiver convencido de que o *pair programming* é uma boa prática para você levar para o seu time, talvez seja um sinal de que você é desenvolvedor centralizador e isso pode acarretar muitos problemas para você e seu time. No capítulo Código de Ego eu explico de forma mais detalhada o que é um desenvolvedor centralizador.

Veja mais:
Mais detalhes sobre esse assunto no capítulo:
22 - Código de Ego

O *Pair programming,* usado da maneira certa, pode ajudar muito quem está começando na equipe, porque vai deixar o novo integrante mais inteirado sobre o código, os processos, a forma que a equipe trabalha e, se o novo integrante for sem experiência, é primordial que todos da equipe façam um *pair* com ele para alavancar o desenvolvimento desse integrante.

Qualidade de Código

Como falamos de *pair programming* anteriormente, citei a qualidade de código como um artefato da programação em par e esse artefato é a alma do desenvolvedor.

A qualidade de código deve ser a primeira coisa pensada por um desenvolvedor ao escrever um código. Digo isso porque já entrei em times sem a menor organização no código e, sem documentação, ficou ainda mais difícil me achar na solução.

Quando você pensa em qualidade de código, não é só escrever um código bonito ou usar *patterns* famosos que você ouve falando por aí. Qualidade de código é você escrever uma solução simples para um problema complexo! É claro que você pode usar *patterns* e várias boas práticas para escrever um código limpo, mas você tem que pensar se seu código vai ser legível para outra pessoa que está chegando e se o seu código, com o passar dos anos, vai ser ainda performático. Encare isso como sua assinatura!

Com qualidade de código, a curva de aprendizado de um novo integrante vai ser bem menor do que um código mal escrito, isso porque ele vai precisar te chamar várias vezes no dia para tentar entender o porquê de o código ter sido feito da maneira que você pensou. Também pode acontecer de você ser o integrante novo e cair num código extremamente bagunçado e ficar perdido. Então sempre pense no coleguinha ao escrever o seu código.

Veja mais:
Mais detalhes sobre esse assunto no capítulo:
24 - Qualidade de código

Comunicação

Sabe aquele desenvolvedor que não fala com ninguém e sai fazendo as coisas que "dá na telha" dele? Pois é, né?! Muito ruim trabalhar assim! Agora imagina você sendo o novo integrante e tem uma pessoa dessas na equipe. Putz! Vai ser um desafio e tanto, não é? Você vai ter que tentar se virar sozinho o tempo inteiro e pode acabar fazendo algumas "burradas" no início e, por isso, que a comunicação nesse caso vai te salvar.

Já ouvir falar do "*tecniquês*"? Provavelmente já! Mas de outra forma. E que outra forma seria essa? É aquele desenvolvedor que não consegue falar numa linguagem que todo mundo entenda porque nem sempre você vai ter pessoas apenas técnicas na sua equipe, e na hora de explicar a solução, você vai precisar ser o mais claro e didático possível. Deixe o "*tecniquês*" somente para quem é técnico e que esteja no mesmo nível de conhecimento que você.

A comunicação faz parte do desenvolvimento e ela é necessária porque somos PESSOAS! Coloquei em caixa alta, porque na área de T.I. temos o costume de tudo ser meio que "robotizado", esquecendo assim, que somos pessoas também. Então, não pense que comunicação e codificação são coisas distintas, porque são duas habilidades que dependem uma da outra.

E quando se fala em comunicação, a gente fala automaticamente de trabalho em equipe. Ter uma comunicação clara e objetiva vai ajudar muito você a integrar o desenvolvedor novo que está entrando no time, porque sabendo trabalhar em equipe, de forma colaborativa, vai ajudar na produtividade do time e da pessoa nova que entrou recentemente. E lembre-se, desenvolvedor que não sabe se comunicar, vai ficar para trás.

E como a comunicação pode ajudar no desenvolvimento na prática? Como somos pessoas, estamos lidando com seres supercomplexos e mais complexos do que um código, então imagina você ter que lidar com as duas coisas ao mesmo tempo? Sinistro, não é?

Por isso, eu adoro trocar ideia com meu time, gosto sempre de saber como o outro chegou em determinada solução para resolver um problema, isso me deixa mais à vontade para perguntar mais sobre outros temas. Fazendo isso, quando tiver um novo integrante na equipe, seja a pessoa comunicativa, chame o integrante para conversar e participar mais das reuniões técnicas no time, deixa ele sugerir novas soluções, dê voz para ele e então você vai ver o quanto é bom ter pessoas mais inteligentes que você no seu time.

Passagem de Conhecimento

Não podemos esquecer desse item superimportantíssimo, que é a passagem de conhecimento! Com a passagem de conhecimento, seja em vídeo ou mesmo no dia a dia, pode ajudar muito quem está iniciando no time, porque além do novo integrante conseguir entender mais profundamente, você vai aprender mais ensinando a pessoa sobre um determinado assunto.

Separe por capítulos, seja bem detalhista se for algo sobre configuração, grave sua tela explicando o passo a passo e deixe isso disponível para o time ou como forma de documentação. Isso é muito eficaz quando têm novos integrantes mais *júniores* na equipe, porque eles vão entender mais facilmente sobre determinado assunto.

Seja a referência e use referências durante a passagem de conhecimento. Se for sobre algo novo, acumule um acervo de conteúdos e, com base neles, faça as suas considerações e críticas. Se for uma passagem de conhecimento de um sistema já pronto, seja assertivo e faça treinamentos de forma natural no dia a dia, usando até mesmo o *pair programming* como forma de passagem de conhecimento.

Quando for passar seu conhecimento, seja paciente, transparente e tenha em mente que você não está sendo ameaçado de ser substituído por alguém que acabou de entrar. É necessário que você passe seu conhecimento para que o novo integrante tenha a curva de aprendizado diminuída e assim, que ele possa se integrar ao time com mais facilidade e rapidez.

Ambiente Seguro

No início, falamos sobre o ambiente seguro ao receber o novo integrante, mas a verdade é que nem todo mundo entende o que é um ambiente seguro. Então vamos lá! O ambiente seguro é importante para qualquer tipo de *senioridade*, porém é importante entender que o sentimento de ambiente seguro vai ser distinto, não apenas de pessoa para pessoas, mas também de *senioridade* para *senioridade.*

Ao falarmos de um novo integrante num papel de *júnior*, precisamos pensar na possibilidade de ser sua primeira experiência, então você como desenvolvedor tem o papel principal de ser mentor nessas horas, precisando entender que será necessária muita paciência, como falei no tópico de Passagem de Conhecimento, e entender que o papel de *júnior* traz muitas inseguranças, muita ansiedade de assimilar tudo e produzir no mesmo ritmo de uma pessoa mais experiente.

Então, quando um *júnior* errar, nunca menospreze a dificuldade dele, pois isso fará com que ele se retraia mais e não se sinta à vontade de tirar as dúvidas.

Se o novo integrante tiver uma *senioridade* maior, deixe ele trazer novas ideias, propor novas soluções, arquiteturas ou modelos de desenvolvimento. Isso vai fazer com que ele se sinta parte do time e do negócio e que ele está ali para fazer a diferença e agregar com o conhecimento dele. Confie no seu time!

E lembre-se, seja aquele desenvolvedor que você gostaria de ter encontrado no seu início de carreira ou que foi um grande anfitrião quando você iniciou num time novo. É extremamente importante a gente criar uma cultura não só dentro da empresa, mas principalmente dentro do nosso time. O time é composto por pessoas que precisarão da sua ajuda e você também precisará da ajuda delas.

Considerações Finais

Com isso, espero que eu tenha alcançado o objetivo deste capítulo, que é passar um pouco da minha visão de como integrar pessoas novas ao time e de como usar isso como estratégia para alavancar o desenvolvimento durante os projetos.

Referências

- Não utilizado referências externas

24. Qualidade de Código

Jéssica Nathany

Em qualquer projeto de *software*, é esperado que ele não só cumpra todos os requisitos mínimos de funcionalidade, como também, é essencial que o *software* tenha qualidade necessária para sua utilização. Pode não parecer, mas a qualidade do código tem um grande impacto no projeto como um todo, e pode trazer resultados ruins ou até mesmo acabar com o negócio.

Manter a qualidade do código deve ser sempre um ponto de extrema importância. Devemos pensar na próxima pessoa que fará a manutenção daquele código no futuro, ou até mesmo no presente. Se você é um(a) desenvolvedor(a), independente da sua experiência, já deve ter se deparado com algum código ruim que já lhe atrasou consideravelmente.

Mas então, por que foi escrito dessa forma? A pessoa estava com pressa? O tempo estava curto? Ou até mesmo havia uma certa pressão no time para entrega do *software* que não houvesse outra maneira a não ser escrever códigos malfeitos, sem testes ou, muitas vezes, confusos e redundantes. Quem nunca se sentiu aliviado ao ver seu código confuso funcionar depois de um longo tempo "quebrando a cabeça" para achar uma solução?

O custo de ter um código ruim

A qualidade do código afeta diretamente o produto. Se o *software* está com o código mal escrito, sem padrões e todo confuso, há grandes chances desse projeto ter muitos problemas e muitos "retalhos". Imagina um projeto que tenha um código ruim, sem padrões, confuso de se entender, onde cada um escreva de um jeito. O desenvolvedor que fará manutenção naquele código, muito provavelmente trabalhará lentamente. É inevitável que possa ocorrer uma perda de tempo para entender o código, e isso gera uma exaustão enorme nos desenvolvedores e até mesmo continuar escrevendo novos códigos ruins, ou seja, virando um ciclo de más práticas.

Nós desenvolvedores, quando nos deparamos com um código ruim, trabalhamos para encontrar o caminho dos esclarecimentos e acaba tornando mais uma investigação de tentar encontrar alguma pista do significado daquilo. Vejamos o que muitas vezes leva à escrita de um código ruim:

- Entregas de resultados rápidos;
- Código de início já estava ruim e não foi refatorado;
- Falta de conhecimento em escrever um código limpo;
- Não foi feito um *code review;*
- Alteração de escopo em curto tempo;
- Prazos absurdos e a pressão nos desenvolvedores

Quais os efeitos de um código ruim?

- Produtividade cai;
- Gera código legado;
- Impactos são difíceis de serem rastreáveis;
- Código fica "macarrônico", de difícil entendimento;
- Código ruim, gerando novos códigos ruins;
- Não tem padrão, cada um faz de um jeito;
- Código mal escrito pode acarretar perda de performance no *Software*;
- Possíveis *bugs* surgirão e mais lenta se torna a correção;
- Difícil fazer manutenção;
- Desenvolvedores ficam desmotivados em mexer em um código ruim, optando em trabalhar com projetos novos

O Código Limpo

No livro "*Clean Code*" (Código Limpo), o autor Robert C. Martin (conhecido também como *Uncle Bob*) perguntou a alguns desenvolvedores bem conhecidos e experientes, qual seria a opinião deles com relação a um código limpo.

- "*Gosto do meu código elegante e eficiente. A lógica deve ser direta para dificultar o encobrimento de bugs, as dependências mínimas para facilitar a manutenção, o tratamento de erro completo de acordo com uma estratégia clara e o desempenho próximo do mais eficiente, de modo a não incitar as pessoas a tornarem o código confuso com otimizações sorrateiras. O código limpo faz apenas uma coisa.*" (Bjarme Stroustrup criador do C++ e autor do livro "*A linguagem de Programação C++*").

O código limpo deve ser escrito de maneira clara e objetiva. Os desenvolvedores precisam bater o olho e saber o que aquilo realmente faz, sem precisar ter uma linha de comentário explicando. Quando desenvolvedores leem um código limpo, não perdem tanto tempo tentando entendê-lo, o código se torna harmônico e o entendimento se torna claro. O código precisa ser sempre mantido limpo com a responsabilidade de todos os *devs* do time, sem seguir padrões de nomenclatura e escrever menos linhas de código, escrever um código simples e, o mais importante, deixar o código ser eficiente.

Bom, mas caso você não seja *dev*, deve estar se perguntando, o que é um código limpo? Vejamos:

- coerente e objetivo;
- reutilizável;
- não contenha repetições nem redundância;
- tenha padrão e utilize boas práticas de desenvolvimento;
- seja fácil de dar manutenção e seja desacoplado;
- performático;
- simples;
- entendível

O código tem que ser muito bem testado

Criar testes de unidade é uma obrigação que todo *dev* precisa ter. Os testes de unidade têm como objetivo garantir que a unidade ou classe funcione, testando unidades individuais do *software*, de forma independente. E a responsabilidade de criar os testes de unidade é do próprio *dev*, que irá criar testes para seus métodos, funções ou classes. Geralmente são criados cenários de testes para as regras de negócios, para evitar possíveis falhas ou *bugs*.

Não vou me aprofundar muito no conceito sobre testes, até porque teria que mencionar testes de caixa branca, testes de caixa preta, teste de integração, testes de interface etc. Mas a ideia aqui é mencionar a importância de ter o código testado, principalmente as regras de negócios.

Pois, se por um lado o desenvolvedor alterou uma regra no código e ele quebrou após rodar os testes de unidade ao fazer o *deploy*, por outro lado essa alteração impactou em outras partes do sistema que não deveriam ser mudadas. Ou seja, precisa ser muito bem pensado na alteração e o próprio teste alertar nesse ponto. Se esta regra estiver muito bem testada, o teste irá falhar.

Os testes de unidade evitam possíveis falhas e *bugs* que podemos encontrar no caminho. Por isso, é sempre bom testar todas as regras e manter o código sempre atualizado.

O caminho é estudo, trabalho e bons hábitos

O time pode começar a adotar bons hábitos para tornar o código do projeto, de fato, um código limpo. É essencial que todos os *devs* se dediquem a fazer isso. Começar adotar o *code review* (revisão de código no time) de uma maneira mais delicada e mais criteriosa. Com essa avaliação de código, é possível evitar códigos duplicados, códigos que não possuem uma boa performance, verificar o impacto daquela alteração, pensar em uma forma de como tornar aquela funcionalidade melhor e ambos aprenderem e evoluírem com isso.

Conseguimos perceber até aqui que um código limpo faz toda diferença em um projeto de *software*, e pode impactar no produto e no time. Portanto, trabalhando em conjunto, é possível criar padrões, processos produtivos de desenvolvimento, e claro que isso agrega e muito na carreira do profissional de desenvolvimento.

Se você é um(a) desenvolvedor(a), sugiro fortemente que leia o livro do "*Clean Code*". *Uncle Bob* até hoje prega esta filosofia de código limpo e seu livro é considerado uma Bíblia para os desenvolvedores de *software*. Há outros livros também sobre conceitos e boas práticas de padrões de projetos, que vale muito a pena ler, tais como: *SOLID*, *TDD*, *DDD* e *Design Patterns*.

Para você *dev*, o que acha do seu próprio código? O que faria para deixá-lo melhor? Se você olhar hoje para o código que escreveu há alguns meses, teria entendimento dele? Seria criterioso o suficiente para fazer aquela refatorada?

Referências

- Livro O código Limpo - Robert C. Martin (2009)
- https://martinfowler.com/articles/is-quality-worth-cost.html
- https://refactoring.guru/pt-br/refactoring/smells
- Livro Domain Driven Design - Eric Evans 2016

25. Padrões e Novas abordagens

Ramon Xavier Moreira

Todo novo produto da Engenharia de *Software* tem suas particularidades, regras de negócio e uma diversidade de padrões, modelagens e tecnologias a serem utilizadas. No entanto, ao iniciar a construção de um novo *software*, seja ele em qualquer plataforma, devemos pensar em como ele será arquitetado, quais padrões de projetos devemos seguir e qual fluxo de trabalho devemos implementar.

Poderia listar aqui diversos padrões, arquiteturas e soluções já existentes no mercado, porém, o questionamento a seguir será para projetos que não têm seus padrões definidos de início, que teve uma série de fatores para ser construído daquela forma, sem pensar nas melhores soluções possíveis, mas dentro da Metodologia Ágil e buscando entregar valor para o seu usuário, valor esse que difere dos melhores padrões e sim converge com a experiência que esse usuário final terá com o produto.

No entanto, como ficará a manutenibilidade dessa solução? Vivemos numa era da inovação, onde as tecnologias mudam a cada dia, novas *features* (funcionalidades), soluções, *frameworks* são gerados, e como se manter atualizado sem criar legados (soluções que atenderam seu propósito, porém, com o passar dos anos, sua manutenibilidade foi ficando cada vez mais difícil e o código utilizando soluções mais antigas e sem muita atualização)?

Podemos olhar para as Novas Abordagens, ou seja, novas soluções que foram desenhadas através do momento atual, seja ela uma nova linguagem, uma nova tecnologia, uma nova arquitetura, ou seja, pensar um pouco fora da caixa e avaliar as soluções existentes no mercado. No entanto, isso em palavras parece ser algo fácil, mas não é. São vários fatores a serem discutidos, sejam eles o tempo de desenvolvimento, qual impacto essas mudanças terão para o produto e para o usuário, o quanto de investimento preciso fazer para isso de fato se concluir, convivência com duas soluções paralelas, a legado e a nova. E de fato, existem vários questionamentos para isso. Precisa-se analisar o quão maduro é seu time para combaterem esses obstáculos e estarem aptos a desenvolverem tal solução, planos de desenvolvimento que convergem com suas regras de negócio.

Novas abordagens como pensar em como a tecnologia/linguagem do seu projeto performou durante esses anos, se ela se enquadra no que se espera atualmente do seu produto/solução. Analisar o domínio que seu atual time tem com essas ferramentas, o conhecimento ser disseminado, documentações detalhadas do processo, entre outros. Analisar o que o mercado utiliza como soluções e verificar se faz sentido para a realidade do seu time, identificar possíveis fluxos de erros que podem ocorrer no desenvolvimento, como surgimento de novos *bugs* (problemas relacionados ao *software*). Identificar suas maiores dores, se é sobre conhecimento do negócio, se é a solução criada, qual momento sua aplicação começou a se tornar legado, o que poderia ser feito para que isso não ocorra.

Um ponto bastante importante é o '*refactoring*' (ato de refatorar, melhorar algum código existente). Mas falar de refatoração não transmite nada para o usuário, só essa palavra não causa nenhum impacto real. Para conseguir evidenciar as necessidades de um refatoramento, você precisa explicar o objetivo disso.

Exemplificando o que o '*refactoring*' pode ajudar no desenvolvimento do seu produto, como:

- Aumentar a produtividade;
- Diminuir custos;

- Manutenibilidade;
- Escalar *software;*
- Mitigar erros;
- Entre outros.

Sempre esteja aberto a debates, transmissão de novas ideias, e pensamentos que auxiliam no desenvolvimento do seu produto. Se o seu time seguir os moldes da Metodologia Ágil, como *Scrum*, *Kanban* etc., leve esses questionamentos para seus líderes veem a possibilidade de melhorias, o que pode já ir se desenvolvendo e traçar um caminho para isso.

Para o próximo nível, a ideia desse questionamento é levar pontos de melhorias e mitigar os padrões de desenvolvimento, você pode aprimorar esses conhecimentos lendo sobre como produzir um código limpo, manutenível e claro para todos os integrantes do seu time.

Analisar os *design patterns* existentes, como o *Singleton*, *Factory*, *Observable,* entre outros. Arquiteturas de um projeto como o *Clean Architecture* (Arquitetura Limpa), *Vertical Slice* (Fatia Vertical), entre outros. Ler sobre *Domain Driven Design*, *BDD*, *TDD* e vários outros métodos que auxiliam na construção de seu *software* e definem padrões a serem seguidos.

Referências

- Livro O código Limpo - Robert C. Martin (2009)
- Livro Domain Driven Design - Eric Evans 2016

26. Inovação - Fatores positivos X Frustrações

Anne Rocha

Vivemos em uma era em que mudanças ocorrem a todo o momento. Algo novo do ano anterior já não é mais novidade, pois novas tendências vão surgindo diariamente. Essas mudanças geralmente estão associadas ao ato de inovar de pessoas e organizações, o que poderá criar uma inovação.

Inovação é um termo que pode se referir ao que é novo ou à melhoria de algo existente, como: conceito, produto, processo, serviço, entre outros [G4 Educação]. Compreender os conceitos de inovação e como ela pode ser classificada, poderá orientar e ajudar a discernir se construir algo novo ou utilizar uma inovação pode ser positivo ou frustrante.

De modo geral, a inovação tem o propósito de resolver ou melhorar algum problema existente. Investir em inovação pode ter um custo alto, pois é necessário tempo e recursos para apostar em algo que pode não dar certo. Nem sempre o maior desafio é inventar, mas sim manter aquela inovação ativa e eficiente. A inovação pode ser classificada em quatro tipos [PISANO]:

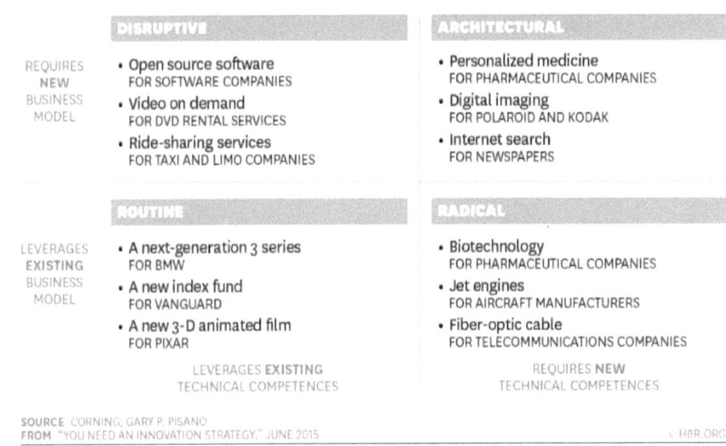

Fonte: https://hbr.org/resources/images/article_assets/2015/05/R1506B_PISANO_INNOVATIONLANDSCAPEMAP-1024x754.png

Disruptiva: modifica processos existentes através de novas tecnologias. Exemplo: Netflix, de locadora de filmes VHS para filmes sob demanda.

Arquitetural: necessita de uma interrupção tecnológica para a entrada de uma nova. Exemplo: fotografia digital.

Incremental: se baseia no que já existe, criando versões aprimoradas. Exemplo: Novos modelos de celulares.

Radical: gera novos produtos através de invenções tecnológicas. Exemplo: Fibra óptica nas telecomunicações.

Inovar requer entender que existe um processo que poderá viabilizar a construção de uma solução. Em geral, é preciso identificar o problema através de uma pesquisa de campo. Em sequência, analisar os dados e montar uma ideia abstrata do problema, para que possa conceituar uma possível solução e, por fim, construí-la. Por exemplo, algumas das etapas para inovar podem ser [SYDLE]:

Geração de novas ideias: analisar problemas que ainda não têm solução. Identificar um produto ou serviço que poderia ser criado para resolvê-lo.

Avaliação: montar as etapas para colocar em prática a solução.

Experimentação: criar um protótipo e testar uma solução para identificar o que realmente funciona ou que é necessário aprimorar.

Comercialização: identificar o público-alvo e colocar a solução no mercado, quando estiver aprimorada e escalável.

Acompanhamento: acompanhar o que foi implementado para compreender a aceitação do público através de *feedback*.

Um dos pilares centrais da inovação é a criatividade, que é a capacidade do indivíduo de criar através de novas ideias. Na antiguidade, a criatividade era relacionada com a noção de divindade, como sendo um dom do indivíduo. No mundo contemporâneo, a tecnologia transmite a informação sobre diversas áreas com mais facilidade, fornecendo conhecimento para grande parte da população, influenciando para as pessoas serem mais criativas e inovadoras. Pois atualmente, entende-se que a criatividade é o resultado da interação de três habilidades: conhecimento do domínio, pensamento criativo e motivação para criar. [GURGEL]

A inovação tem grande valor para a competitividade, tanto profissional quanto organizacional. O profissional da área de tecnologia tem constante acesso às novas ferramentas, processos, serviços ou linguagens de programação, tornando necessário que esse profissional atualize suas técnicas, para que consiga atender às novas demandas que possam surgir. Além disso, essas novas tecnologias poderão passar a ser exigidas no mercado de trabalho.

Nem sempre uma tecnologia recém-lançada está pronta para ser integrada aos serviços existentes. É importante experimentar por um tempo em um projeto de menor risco para que possa ser validada e se torne confiável. Caso contrário, isso pode trazer frustrações e altos custos, por usar algo que tem limitações técnicas e não atende às necessidades do serviço. Alguns profissionais participam ativamente de fóruns ou eventos da sua área de atuação para descobrir essas novas tendências e a experiência de outros usuários.

Assim como a inovação pode ser essencial para manter uma empresa no mercado, não é diferente para um profissional que quer progredir. Se reinventar na carreira, nem sempre é uma tarefa fácil, pois requer muito tempo e esforço para se capacitar e aplicar novas técnicas. Ter foco e propósito é fundamental para alcançar grandes objetivos. Algumas vezes, a motivação pode vir através da busca por recursos financeiros, outras vezes pelo reconhecimento profissional ou até mesmo para se sentir útil nas suas atividades.

A inovação está presente em diversas áreas, embora esteja ligada diretamente ao desenvolvimento científico e tecnológico. Investir em inovação pode ser frustrante, quando se leva muito tempo para que se consiga algo relevante. Além disso, há o risco de inventar algo novo que pode trazer prejuízos até que seja bem consolidado.

No entanto, a inovação, quando bem realizada, tem como pontos positivos: aumentar a competitividade, reduzir a concorrência, otimizar processos, ser destaque na área de atuação, trazer soluções intangíveis, trazer mais inclusão social e até mesmo mudar paradigmas.

Arriscar e apostar faz parte do processo de inovação, pois só haverá o conhecimento de que algo funciona após a experimentação. Levar em consideração as etapas do processo de inovação pode reduzir os prejuízos e trazer insumos para aprimorar cada vez mais as técnicas, até que se alcance o resultado esperado.

Referências

- G4 Educação. O que é inovação? Definição, exemplos e mais, 2021. (https://g4educacao.com/portal/o-que-e-inovacao)
- GURGEL, M. F. Criatividade e inovação: uma proposta de gestão da criatividade para o desenvolvimento da inovação. UFRJ, Rio de Janeiro, 2006. (https://edisciplinas.usp.br/pluginfile.php/1751677/mod_resource/content/1/Criatividade_e_Inovacao_-_Marcus_Gurgel_-_COPPE_2006.pdf)
- PISANO, G. P. You need an innovation strategy. Harvard Business Review Magazine, 2015. (https://hbr.org/2015/06/you-need-an-innovation-strategy)
- Portal da indústria. O que é inovação? Definição, importância e as ações que têm impulsionado a inovação no Brasil, 2022. (https://www.portaldaindustria.com.br/industria-de-a-z/inovacao)
- SYDLE. Tipos de inovação: quais são e como aplicá-los na sua empresa? 2022 (https://www.sydle.com/br/blog/tipos-de-inovacao-61674eec3885651fa2c1a522)

27. Bons hábitos de *devs* altamente produtivos

Jéssica Nathany

Por que eu decidi falar de hábitos? Um estudo descobriu que apenas 60% das decisões diárias que tomamos são realmente decisões, os outros 40% são hábitos. Ou seja, quase metade de nossas decisões funcionam no piloto automático.

Os hábitos são ações que começam a partir das decisões e, conforme executamos repetidas vezes, acabam sendo executadas no "piloto automático", ou seja, pelo inconsciente, uma estratégia do cérebro para poupar energia.

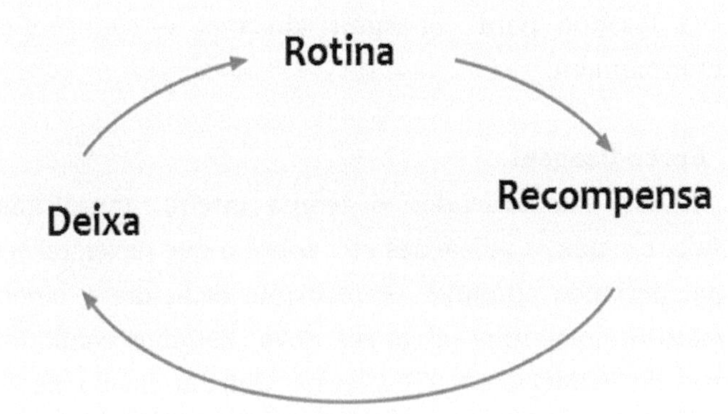

Fonte: Livro "O Poder do Hábito"

O livro "*O Poder do Hábito*", de Charles Duhigg, descreve que os hábitos podem ser descritos em três partes distintas, mas interligadas, sendo elas: uma **deixa**, uma **rotina** e uma **recompensa**.

A deixa é um gatilho que dispara um sinal ao cérebro para começar uma atividade, uma rotina. Em seguida vem a rotina, uma atividade que sempre é realizada quando nos deparamos com uma deixa. Já a recompensa é aquela sensação ou um prêmio por te realizado uma tarefa. Quanto mais prazerosa for a recompensa, o desejo se torna maior em continuar repetindo aquela rotina.

Algumas pessoas já me fizeram a seguinte pergunta: "*O que é preciso para melhorar meu conhecimento técnico na área de desenvolvimento?*" Seja iniciante na área ou não, acho que a pergunta seria: "*Quais hábitos eu preciso cultivar para me tornar eficaz na área de desenvolvimento?*"

Levou algum tempo até eu entender que o processo para me tornar uma desenvolvedora de *software* melhor e crescer meu nível técnico não estava ligado à quantidade de cursos que eu estudava ou a quantidade livros técnicos que eu lia por mês, mas sim em entender como funciona os meus hábitos e o que eu estava fazendo para conseguir absorver o conhecimento da melhor maneira.

Aprendizagem

Somos bombardeados o tempo inteiro, tanto nas redes sociais, e-mails, notificações etc. sobre o que devemos estudar e o que devemos aprender. Parece que cada dia é lançado um *framework* novo, uma biblioteca nova. Estamos constantemente diante do FOMO (*Fear Of Missing Out*) ou "Medo de Ficar de Fora", ou de estarmos perdendo algo. E acredito que cada um de nós já teve essa sensação de "*Meu Deus! Lançou uma linguagem nova, eu preciso aprender!*" ou "*Todos estão falando daquela nova stack e eu não estou por dentro disso, preciso estudar!*".

Pois bem, quantas vezes você já teve a sensação de estar perdendo algo novo na área de tecnologia? Aquele assunto que virou uma *thread* no *Twitter* e tem muita gente comentando sobre isso, tem alguns artigos publicados sobre isso, mas você não faz ideia do que seja e, mesmo assim, sente estar por fora da bolha?

O grande problema das mudanças tecnológicas é o constante processo de atualização e mudanças. Precisamos estudar novas formas de desenvolver *softwares*, aprender a mexer em novas IDEs, linguagem de programação, ferramentas etc.

Isso exige tempo e energia, gerando um grande acúmulo de ansiedade, de querer aprender tudo, de querer saber tudo. Aceite que você não vai aprender tudo, mas pode aprender o suficiente para se tornar um *dev* mais produtivo.

Mas antes de sair comprando todos os cursos possíveis e não conseguir terminar nenhum, pare e pense: você conseguiu absorver tudo aquilo que estudou?

Descreverei aqui alguns hábitos saudáveis para se tornar um(a) desenvolvedor(a) altamente produtivo(a), e conseguir manter sua rotina de estudos.

Em seu livro "*14 Hábitos de Desenvolvedores Altamente Produtivos*", Zeno Rocha escreve quais são os hábitos que você deve adquirir para se tornar um(a) desenvolvedor(a) mais produtivo(a) e eficiente, trazendo também a visão de outros desenvolvedores das gigantes da tecnologia como *Microsoft*, *Amazon*, *Apple* entre outras. Alguns hábitos do livro citarei aqui.

Hábito 1: Foco nos fundamentos

Fundamentos são mais importantes que ferramentas. Logo, não fique preocupado em querer dominar a linguagem de programação ou ferramentas, procure focar nos fundamentos para tornar-se um(a) bom(boa) desenvolvedor(a), mantenha o foco em programação orientada a objetos, conceitos básicos de redes, padrões de projetos, lógica de programação etc., a linguagem de programação vai ser sempre um meio para resolver o problema.

Hábito 2: Ensinar é aprender

Já dizia Cora Coralina, "*Feliz é aquele que transfere o que sabe e aprende o que ensina*". Você aprende muito mais quando você ensina, procure transmitir o conhecimento adquirido, seja ele por meio de palestras, mentorias, artigos etc. Crie o hábito de escrever artigos. Quando você escreve, você fixa o conhecimento adquirido e acaba aprendendo. Monte grupo de estudos, ensine pessoas novas que estejam interessadas em fazer a mudança de carreira e repasse o conhecimento.

Hábito 3: Crie projetos e divulgue para o mundo

Se você não é desenvolvedor ou desenvolvedora, o *Github* é uma plataforma de hospedagem de código-fonte e arquivos com controle de versão usando o *Git*. Nele, você pode criar projetos e compartilhar com milhares de pessoas do mundo inteiro ou, até mesmo, contribuir para projetos *open source*. Crie projetos desafiadores e compartilhe-os no *Github*. Se puder, contribua com projetos *open source*, você aprende muito com outras pessoas e novos jeitos de fazer.

Hábito 4: Exercite a habilidade da codificação

Procure praticar e exercitar seu cérebro resolvendo problemas de codificação. São exercícios complexos que te ajudam a treinar suas habilidades, pensar fora da caixa e treinar mais sua lógica de programação. Há alguns sites como: *Hacker Rank*, *Leet Code*, *Code* e *Force*. E tem algumas empresas que utilizam desta plataforma para aplicar testes em processos seletivos.

Hábito 5: Leia livros técnicos ou não

É importante também ler livros que não sejam da área, pois quando você se depara com outros assuntos, seu cérebro se abre para novas ideias. Desenvolvedores acabam adquirindo em sua carreira algumas habilidades, uma delas é a criatividade.

Seja para desenvolvimento de um sistema, uma refatoração de código ou até mesmo escrever códigos simples. Sendo assim, leia livros, sejam eles técnicos da sua área ou não. A leitura estimula a criatividade e a imaginação e, claro, boas ideias para inovar.

Hábito 6: Comunicação também é um *Hard Skill*

A imagem que nós tínhamos daquele programador ou programadora que ficava isolado(a) mexendo apenas no seu código, sem falar com ninguém, já não existe mais. Nem só de código vive um *dev* e é importante ter uma comunicação fluida.

A comunicação é uma *hard skill* que todo *dev* precisa ter para saber se expressar. Conheci ótimos desenvolvedores experientes, que eram considerados gênios e tinham ótimas ideias de produtos, e ideias saindo do papel que poderiam ter virado negócios bilionários. Mas alguns desses projetos não foram para frente justamente por não terem a habilidade de se comunicar, de vender a ideia do negócio, de persuadir investidores. Comunicação é tão importante quanto saber codificar.

Hábito 7: Gerencie seu tempo

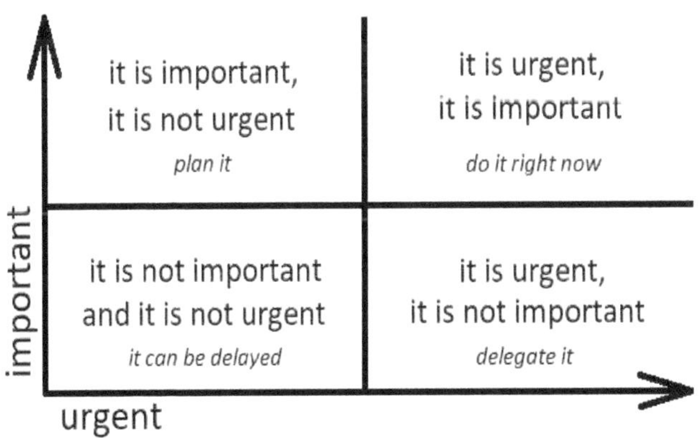

Fonte: Checkiant Blog

Saiba gerenciar seu tempo, seja mais eficiente e ganhe maior produtividade e mais tempo para realização de projetos e metas pessoais. Administre seu tempo para tarefas, obrigações pessoais e estudos.

Se você consegue e pode acordar mais cedo, mesmo que seja uma ou meia hora, faça. Você terá mais tempo para gerenciar suas atividades pessoais, poderá estudar, praticar atividades físicas, cuidar da família, aprender algo novo ou construir coisas novas.

Você já teve a sensação de que cada dia que passa, tem menos tempo para fazer as coisas que mais gosta? Sentir que seu trabalho não está sendo produtivo o suficiente?

Hábito 8: Faça *Pair Programming*

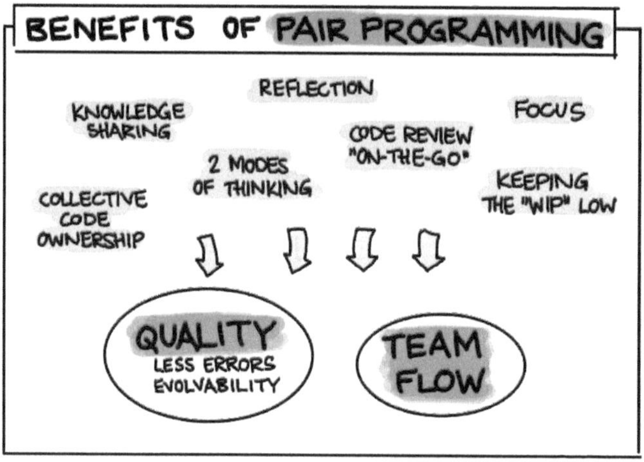

Fonte: On Pair Programming Martin Fowler

O uso do *Pair Programming* (programação em par) contribui não só para troca de ideias entre dois desenvolvedores, como também ajuda a fixar ideias sobre o negócio, além de um grande aprendizado entre ambos no desenvolvimento de *software.*

Eu particularmente, não tinha o hábito de fazer o *pair programming*, pelo menos não nas empresas em que passei. Normalmente fazíamos algo mais pontual, se fossemos compartilhar a tela seria algo bem específico.

Aqui na Globo, pude aprender e ensinar com a utilização do *pair programming.* Consegui fixar melhor as regras de negócio com outro *devs*, pude aprender formas novas ou fazer de um jeito diferente do que estava acostumada a fazer, debater ideias para encontrar uma solução melhor, e é uma troca de experiência muito rica.

Claro, não estou dizendo que você deva passar as 8 horas consecutivas do seu trabalho fazendo a programação em par, mas uma parte do tempo para isso, acho válido. Outra pessoa consegue enxergar erros que passaram despercebidos por você, ou juntos podem achar uma forma melhor de aplicar uma solução para um problema.

Hábito 9: Coloque o inglês como prioridade

Já me perguntaram se eu pensava em tirar a certificação. Sim, já pensei em tirar uma certificação e passei um mês estudando para obter uma certificação de uma linguagem de programação. Porém, passei um bom tempo refletindo e cheguei à conclusão de que para mim, particularmente considero o inglês mais importante que qualquer certificação.

Talvez esteja sendo radical, mas é só uma questão de análise. Quando você tira uma certificação técnica, muito provavelmente você irá se submeter ao exame todo em inglês. Já começa por aí. O segundo ponto que eu vejo é que, durante minha carreira, conheci pessoas extraordinárias que tinham conhecimento técnico muito elevado, mas poucas delas tinham certificação. Mas o ponto que quero chegar é que, com o inglês, você vai muito mais longe. Poderá ter grandes oportunidades trabalhando em outros países, aumenta seu leque de *networking* e sem contar que tudo em tecnologia, o inglês é uma língua predominante.

Quando você escreve um artigo em inglês ou cria um projeto no *Github* todo em inglês, você não só está comunicando com grandes profissionais aqui de dentro do país, mas como também com o mundo inteiro. Você está dizendo quem você é e o que você faz para o mundo inteiro. Por isso, coloquei o inglês como prioridade e larguei a ideia de tirar certificação e decorar sintaxes ou ferramentas. Não que isso seja ruim. Cada pessoa possui um objetivo, o meu foi mirar em ter um inglês dominante.

Mesmo que você opte pelos dois, sempre dê prioridade para o inglês e não pare. Escreva artigos em inglês no seu *LinkedIn* ou no seu blog pessoal, crie projetos em inglês e procure sempre consumir conteúdos técnicos em inglês e compartilhar ideias e projetos.

Hábito 10: Aprenda e ensine com as comunidades

Em meados de 2014, quando me formei, não tinham muitas comunidades de tecnologia como tem hoje. Até mesmo na faculdade, palestras de tecnologia para meu curso de tecnologia, por incrível que pareça eram raridade. Sério, acho que durante meus 4 anos de graduação, na faculdade em que cursei só tiveram duas palestras de tecnologia.

Agora as coisas mudaram. Assim que saí da faculdade, comecei a enxergar mais o universo *tech* e pude ver muitas comunidades *techs* nascendo.

Quem faz as comunidades *techs*? Nós mesmos. Em São Paulo, por exemplo, houve um tempo que estourou o BOOM das comunidades. O app *Meetup,* por exemplo, era e é ainda o maior encontro de comunidades onde são realizados palestras, eventos, *coding dojos*, encontros etc.

Quem não queria estar em um evento dentro da *Microsoft*, durante a semana, comendo aquele *coffee break* elegante, fazendo *networking* e aprendendo muito nas palestras durante duas horas e criando relacionamentos com a comunidade?

Pois é, as comunidades são um meio de crescimento muito grande. Você aprende e você ensina. Você aumenta seu *networking* e cria projetos incríveis. Tive a oportunidade de participar de dois *Hackathons* da *IBM* aqui em São Paulo e passei 72 horas com um time que havia formado na época, para criar uma solução que fosse rentável, inovadora e tivesse diversidade. Posso dizer que hoje não tenho mais essa energia. Mas foi um grande aprendizado que carrego até hoje.

Você não precisa estar imerso em comunidades, mas pode fazer parte delas, contribuindo com artigos, palestras ou ajudando com mentorias, compartilhando ideias etc.

Hábito 11: Aprenda coisas novas

Você não precisa ser um pato e querer sair à loucura querendo aprender tudo, mas você pode experimentar coisas novas. Aprender algo novo, seja ele uma linguagem de programação, ferramentas novas ou ate mesmo uma atividade nova, faça algo novo. É cientificamente comprovado que aprender coisas novas é uma forma de estimular as atividades cerebrais. Claro que atividades físicas também são essenciais, pois aumentam sinapses e criam conexões dentro do cérebro.

Referências

- Livro 14 Hábitos de Desenvolvedores Altamente Produtivos - Zeno Rocha (2020)
- Livro O Poder do Hábito - Charles Duhigg (2012)

- Pesquisa sobre Hábitos Revista Veja https://veja.abril.com.br/cultura/vivemos-no-piloto-automatico/
- Curso Aprendendo Aprender Coursera
- https://pt.coursera.org/learn/aprender
- https://pt.wikipedia.org/wiki/Cora_Coralina
- Livro Já Entendi - Gladys Mariotto (2015)
- Martgin Fowler Pair Programming https://martinfowler.com/articles/on-pair-programming.html
- Checkiant Blog https://blog.checkiant.com/blog-about-productivity/189-features-of-effective-time-management-for-programmers

AGRADECIMENTOS

Alan Araujo

Agradeço a vida por ter cruzado meu caminho com o de pessoas tão especiais como minha mãe (Roza), minha esposa (Adrielle), que me dão todo apoio ao longo da minha caminhada e toda minha equipe da Globo, que tem uma visão muito humana ao lidar com as situações do dia a dia.

Alessandro Castelano

Agradeço primeiramente a Deus por me dar sabedoria e inteligência em todos os momentos até aqui. Agradeço minha família, esposa Ariane e meu filho Davi que são minhas fontes de energia para continuar nessa jornada. Agradeço ao Vitor Cardoso, esse líder inspirador, pela oportunidade de contribuir compartilhando conhecimento na construção de mais um livro de forma colaborativa. Agradeço a todos professores e mentores que passaram pela minha caminhada profissional até aqui e agradeço esse time incrível de Coautores que construíram esse livro.

Fabio Nascimento

Aos meus queridos pais, Paulo e Ilca, por seu amor e assistência; por me tornarem o homem que sou.

A minha amada esposa, Aline, pela paciência, apoio e incentivo. E nossa linda filha, Júlia, paixão e combustível para seguir nessa jornada.

Jéssica Nathany

Em primeiro lugar, quero agradecer aos meus pais por terem lutado pela minha criação e minha educação, e meus familiares. Agradecer também à comunidade *tech* que está ali, sempre contribuindo com o conhecimento e compartilhando ideias. Já dizia Cora Coralina, "*felizes são aqueles que transferem o que sabe e aprende o que ensinam*".

Larissa Rodrigues

Agradeço ao Vitor Cardoso por me convidar para escrever esses capítulos do livro e agradeço imensamente às gerências e às equipes no qual venho fazendo parte, por me proporcionarem experiências únicas, que me ajudaram muito a construir o conteúdo dos capítulos que escrevi!

Luanna Oliveira

Agradecimento especial à Deus, pela existência. Aos meus saudosos pais, por todo exemplo e perseverança. À minha filha Manuela, pelo novo sentido à vida, com a descoberta de um Amor Infinito, no desejo de fazer sempre o dia atual melhor que o anterior. Ao meu marido Alexander, por todo incentivo e companheirismo.

Murilo Souza

Agradeço primeiramente à Deus por todas as oportunidades, aos meus pais que não mediram esforços para eu me tornar o que sou hoje, por cuidarem de mim e por me ajudarem a trilhar os meus caminhos pessoal, acadêmico e profissional. Agradeço também a todos vocês pela acolhida e ensinamentos. Um agradecimento especial ao Vítor, pois está me guiando e orientando aqui na Globo. Confesso a todos que estou muito feliz.

Ramon Xavier Moreira

Gostaria de agradecer a todos os meus familiares, amigos e colegas de trabalho que contribuíram com o meu desenvolvimento pessoal e profissional. Aos meus líderes na

Globo que me deram a oportunidade de contribuir com a escrita desse livro.

Rodrigo Duclerc

Meus agradecimentos a meu filho Rafael, minha maior inspiração, à minha família por todo o suporte e aos meus amigos e colegas que me acompanharam nesta jornada, com os quais aprendi tantas lições importantes nessa profissão.

Rodrigo Menchio

Todo o meu agradecimento vai para a minha base familiar, que sempre me apoiou em qualquer decisão, e em especial ao meu pai, por ter me introduzido no mundo da tecnologia enquanto eu ainda mal entendia como o mundo funcionava. Agradeço aos meus pais por terem me ensinado o significado da palavra humildade e gratidão, e agradeço a todas as pessoas que passaram pela minha vida e me ensinaram alguma coisa.

Taiane Paes

Quero agradecer à Deus por me permitir viver e compartilhar minhas vivências. Agradecer ao meu marido Webster Lima por sempre me incentivar a voar mais longe na minha profissão, ao meu amigo Vitor Cardoso que me fez o primeiro convite para ser coautora de um livro e desde então não parei mais de escrever, a todas às minhas amigas, que me ajudaram a manter a síndrome de impostora o mais longe possível das minhas conquistas e a minha família por nunca me deixar esquecer de onde eu vim e tudo que ainda posso conquistar.

Tauan Abreu

Fico imensamente agradecido por fazer parte deste livro, escrito por tantas pessoas talentosas e admiráveis. Obrigado Vitor Cardoso pelo convite de, não somente escrever um dos capítulos, como também para elaborar e desenvolver a capa desta edição. Obrigado aos meus colegas da JCORP, da Stormgroup, e de todas as pessoas que cruzei profissionalmente, trocando e adquirindo conhecimentos, que são infinitos.

Vagner Ribeiro

Agradeço ao Vitor Cardoso pelo convite de participar da escrita deste livro. Tenho certeza de que este material vai ajudar muitas pessoas que já estão ou querem entrar na área de T.I. Esse é o primeiro que participo e certamente não será o último!

Também deixar registrado a minha gratidão ao meu filho mais novo, Benício, que mesmo sem saber foi minha inspiração para abordar o assunto sobre o qual escrevi. Ser pai novamente aos 40 anos me fez reaprender muita coisa.

Por fim, agradecer à minha primogênita, Ana Beatriz, ao meu filho Samuel e à minha esposa Marcelle. Amo vocês.

Verônica Antunes

Agradeço à minha família, em especial aos meus pais, por serem minha grande referência em dedicação, humildade e gratidão, e por terem enfrentado diversas dificuldades para me proporcionarem o melhor sempre. Agradeço também a todos do JCorp, em especial ao meu líder Vitor Cardoso, pela confiança, oportunidade e parceria de sempre.

Vitor Cardoso

Agradeço a Deus pela minha vida, à toda a minha família por sempre me incentivarem na minha trajetória, minha esposa Elizabeth Mafort Cardoso e aos meus filhos Julia e Davi, à Globo por me proporcionar um ambiente tão favorável para o meu crescimento, à toda a minha equipe que sempre acreditou e trabalhou de forma conjunta para construir tudo o que conquistamos, a todos os amigos que fazem parte da minha vida, a todos os autores desse livro que se dedicaram a compartilhar conhecimento que considero muito nobre e, por fim, à Thais Juncá, uma líder que tenho como inspiração e por reforçar valores que considero imprescindíveis, de tratar pessoas como seres humanos antes de tratar como funcionários ou profissionais!

SOBRE OS AUTORES

Alan Araujo. Desenvolvedor na Globo e fundador do projeto Estartando Devs. Mais de 4 anos de experiência em Desenvolvimento de Softwares.

https://www.linkedin.com/in/alan-araujo-440bb7109/

Alessandro Castelano. Sou um eterno agilista, apaixonado em liderar e ajudar times em busca da melhor performance. Há mais de 10 anos atuando na área de tecnologia como Analista de Negócios, 3 anos atuando como Scrum Master. Formado em análise e desenvolvimento de Sistemas, MBA em Gestão de Projetos, possuo as certificações PSM, PSPO, POOC, PALC e TKP, Coautor do livro "Time Dev - Muito mais do que código".

https://www.linkedin.com/in/alessandrocastelano/

Anne Rocha. Analista de Qualidade Sênior. Bacharel e Mestre em Ciência da Computação pela UFCG. Já trabalhou em empresas públicas e privadas na área de desenvolvimento de software por mais de 15 anos. Certificada em Qualidade de Software no CTFL pela BSTQB. Palestrante em eventos nacionais da área de TI. Ministrou cursos de pós-graduação presencial e online na área de Qualidade de Software.

https://www.linkedin.com/in/annecaroline/

Fabio Nascimento. Desenvolvedor com mais de 14 anos de experiência em desenvolvimento backend. Vasta experiências com passagem por diversas corporações de grande porte. Entusiasta e apaixonado por tecnologia. Para conhecer um pouco mais das minhas contribuições para a comunidade, visite o meu GIT (https://github.com/fabioborges-ti)

https://www.linkedin.com/in/fabioborges-ti/

Jéssica Nathany. Software Developer na Globo e fundadora e host do podcast Café Debug. MBA em Arquitetura e Desenvolvimento de Software pela FIAP e entusiasta em tecnologia.

https://www.linkedin.com/in/jessica-nathany-carvalho-freitas-38260868/

Larissa Rodrigues. Desenvolvedora Pleno na Globo. Tenho 5 anos de carreira na área de Tecnologia e 3 desses 5 anos atuando como desenvolvedora. Atuei em diversos produtos e seguimentos, desde cloud, produto de compliance, mercado financeiro e atualmente estou em um time de Dados Esportivos. Almejo sempre melhorar na minha vida como um todo e adoro novos desafios. Essa oportunidade de escrever alguns capítulos desse livro, me fez perceber o quanto é gratificante contribuir para nossa área. Um desenvolvedor não vive só de café e códigos, por isso gosto muito de cuidar do corpo e da mente praticando Muay Thai depois do trabalho. Espero que tenham gostado do livro!

https://www.linkedin.com/in/larissa-heloisa-lh/

Luanna Oliveira. Há mais de 20 anos atuando em Tecnologia e uma década voltada para Gestão de Produtos Digitais. Apaixonada pelo que faz: identificar oportunidades para evolução do negócio, e seu grande propósito é fazer a diferença na vida das pessoas.

Murilo Augusto de J. L. **Souza**, tenho 23 anos, sou curitibano, portador de deficiência auditiva, toco piano, trombone, sou formado em Sistemas de Informação na instituição UniBrasil, atuo como Analista de QA, moro com os meus pais e dois cachorrinhos chamados "Dondoca" e "Sadan".

Ramon Xavier Moreira. Desenvolvedor de Software na Storm Group alocado na Globo e professor no projeto social Estartando Devs. Participante de diversas comunidades de programação a fim de levar conhecimento para iniciantes na área com expertise em desenvolvimento para web e mobile.

https://www.linkedin.com/in/ramonxm/

Rodrigo Duclerc. Desenvolvedor backend na Globo com 19 anos de experiência em desenvolvimento de aplicações web, utilizando diversas linguagens de programação em diferentes empresas ao longo da carreira.

https://www.linkedin.com/in/rodrigo-duclerc/

Rodrigo Menchio. Software Developer na Globo e graduando em engenharia de telecomunicações pela UFF.

https://www.linkedin.com/in/rodrigo-duclerc/

Taiane Paes. Product Owner Specialist na Dock. Mais de 13 anos de experiência na área de Tecnologia. MBA em Marketing Digital pela IBMR, possui as certificações CSPO, CSM e TKP. Coautora do livro "Time Dev – Muito mais do que código".

https://www.linkedin.com/in/taiane-paes-ab4b3969/

Tauan Abreu. UX / UI Designer pela Storm Group, alocado na Rede Globo no setor JCorp. Formado em Design de Mídia Digital pela PUC-RIO, explora diversos campos dentro do universo do design desde 2015. Trabalhou em grandes agências de comunicação e branding, desbravando o design gráfico, web design e *motion graphics*. Mas foi em 2019 que mergulhou fundo no mundo do UX, onde trabalhou seu prazer, já existente, por metodologias ágeis e pesquisas com usuários, se estabilizando na área e atuando nela até hoje.

https://www.linkedin.com/in/[illegible]

Vagner Ribeiro. Atualmente atua como desenvolvedor back-end na Globo. Possui 19 anos de experiência na área de TI sendo 8 anos como Arquiteto de Sistemas. Participou de diversos projetos de integração de sistemas entre eles implantação de ERP e CRM. Admirador de assuntos que envolvam agilidade.

in https://www.linkedin.com/in/vagnersribeiro/

Verônica Antunes. Agilista na Globo. Há 7 anos dedicada à carreira Digital, sendo 5 na área de Tecnologia. Graduada em Comunicação Social – Publicidade e Propaganda, pós-graduada em Marketing e Mídias Digitais, e certificada em CSM, KMP-I, PALC-E, POCC, entre outros. Co-autora do livro "*TimeDev – Muito mais do que código*".

in https://www.linkedin.com/in/veronicantunes/

Vitor Cardoso. Líder Ágil na Globo e fundador do site Comunidade Ágil. Mais de 7 anos de experiência em Agilidade. MBA em TI pela UFRJ, possui as certificações CSM, Managament 3.0, Safe Agilist, KMP-1, PAPM, PALC e PLAC, autor do livro "O que nenhum *Scrum Master* te contou", "TimeDev – Muito mais do que código" e Co-Autor de 3 livros da Jornada Colaborativa. (Ágil de Liderança | Ágil Escalado | Experiência do Cliente).

https://www.linkedin.com/in/vcardoso/

www.ingramcontent.com/pod-product-compliance
Ingram Content Group UK Ltd.
Pitfield, Milton Keynes, MK11 3LW, UK
UKHW042005190726
13854UKWH00005B/2176

9 786500 496116